KB235436

∥ 인문교양총서 10

새로운 민주주의와 헤게모니

양 종 근

인문교양총서 010

새로운 민주주의와 헤게모니

양종근 지음

역락

"대한민국은 민주공화국이다." 대한민국 헌법 1조 1항은 대한민국의 정치체제를 '민주주의'로 명시하고 있다. 헌법의 첫머리에 관습처럼 규정된 민주주의를 우리는 오랫동안 당연한 것으로 여기며 살아왔다. 그러나 당연하게 여겨 왔던 민주주의가 자주 낯설다. '과연 우리의 국가는 민주주의를 지향하고 있는가', '우리 국민은 민주주의를 누리고 있는가'라는 근본적인 질문 앞에서 '그렇다'라고 당연하게 대답할 수 있는 사람은 그렇게 많지 않을 것이다. '민주주의'가 매력적인 개념인 이유는 누구도 반론을 제기할 수 없을 만큼 정당한 가치임에도 불구하고 누구도 자신있게 대답할 수 있을 정도로 실현된 적이 없었기 때문이다. 그러므로 '민주주의'는 여전히 실현되지 않은, 끊임없는 탐구와 노력을 통해 실현하지 않으면 안 될, 미래의 가치이다.

해방 이후 남한의 근대화 과정은 민주주의를 향한 기나긴 여정이었다고 해도 과언이 아니다. 우리의 근대화 과정은 한편으로는 선진 자본주의에 이르는 경제 발전을 위한 노력과 다른 한편으로는 군사독재를 거쳐 민간독재를 지나 민주적 정부와 사회 체제를 만들기 위한 노력으로 이루어졌다고 말할 수 있을 것이다. 이제 우리는 OECD 가입국으로서 경제적인 부를 어느 정도 이룬 것 같다. 그러나 우리는 아직 물질적 풍요에 걸맞는 민주적인 사회 시스템을 만들어 내지는 못한 것 같다.

우리는 독재정권의 오랜 터널을 지나 김대중 정부와 노무현 정부에 이르러 민주주의라는 이름에 걸맞는 정치, 사회체제를 맞이하게 되었다. 물론 이 기간 동안 민주주의가 완전하고 완벽하게 실현되었다고 말할 수는 없지만, 이 시기 우리는 정치, 경제, 사회, 문화 전영역에 걸쳐 민주적 정통성을 확립하였고 권력형 비리나 권위주의 등 전근대적 잔재들을 줄여나갔다.

그러나 이명박 정부가 출범하면서 우리 사회의 '민주주의'는 심각하게 훼손되고 있다. 위정자는 국가권력을 개인의 재산 증식에 이용하고 있고, 친인척 및 측근을 둘러싼 각종 권력형 비리와 게이트가 속출하고 있다. 10·26 서울시장 보궐선거에서는 여당 국회의원의 보좌관이 '중앙선거관리위원회' 홈페이지를 디도스로 침입하여 공정한 선거를 방해한 사건마저 발생했다. 정도(正道)와 상식이 통하지 않고 꼼수와 비리가 만

연해 있는 사회, 국가권력이 민주주의의 시스템 자체를 부정
하는 사회로 회귀해버린 것이다. G20 홍보포스터에 '쥐그림'
을 그렸다고 고소를 하고, 대통령 선거 시 상대후보(지금의 이명
박 대통령)의 비리 의혹을 제기했다고 정봉주 전의원을 구속하
고, 주요 언론사의 사장단을 친권력 인사로 교체하고, 거대
신문사로 하여금 TV방송국을 소유하게 하는 등 언론의 자유
와 개인의 인권은 무시되고 정치권력과 언론권력은 더욱 강
력하게 유착하여 여론을 호도하고 조작하게 되어버렸다. 가히
민주주의가 '위기' 혹은 '궤멸' 상태에 놓이게 된 것이다.

　잘못은 국민들에게도 있다. 민주주의의 위기를 초래한 정
부를 만든 것은 국민들이다. 국민은 '선거'를 통해 경제를 최
우선의 가치로 내세우는 후보를 도덕적 결함에도 불구하고
선택했다. 경제위기와 불황의 그늘은 대다수의 국민들을 '잘
먹고 잘 사는 일'에 올인하게 만들었다. 국민이 선택한 정부
는 경제적인 문제도 전혀 해결하지 못했음은 물론이고, 오랜
역사 속에서 많은 피를 흘려 겨우 쌓아온 민주적인 가치를 한
순간에 허물어버렸다. 이명박 정부에 대한 실망과 분노를 넘
어서서 우리가 다시금 성찰해야 하는 것은 경제중심주의와

민주주의적 가치는 결코 양립할 수 없다는 사실이다. 이 책이 민주주의를 화두로 내세우면서 자본주의를 집중적으로 문제 삼는 이유가 여기에 있다.

이 책은 냉전시대가 지나고 자본주의가 전지구적인 일방독주를 진행하고 있는 현상에 대한 문제의식에서 집필되었다. 사회주의가 자본주의의 대안으로 받아들여지기 힘든 포스트─냉전 분위기에서 자본주의를 비판하고 새로운 사회적 지향성을 지닐 수 있는 대안적인 가치를 마련하고 싶었다. 대결선을 '사회주의 vs 자본주의'에서 '민주주의 vs 자본주의'로 옮겨보고 싶었다. 자본주의가 왜 민주적이지 못한가. 자본주의가 주장하는 바와는 다르게 민주주의의 실현에 있어 자본주의가 방해가 된다면 그것은 어떤 점 때문인가. '만국의 노동자여 단결하라' 보다 '만국의 민주주의자여 단결하라'가 더욱 실효성 있는 표어가 아닌가. '반자본주의적 민주주의' 운동을 독려하고 그 의의를 이론화하고 싶었던 것이다.

그러나 서구의 철학자들이 전하는 바에 따르면, 서구에서 '민주주의'라는 용어는 더 이상 매력적이지도 가치 있지도 않은 낡은 유물로 퇴색한 것처럼 보인다. 그러나 지금이야말로 민주주의에 대한 새로운 이해와 탐구가 필요한 시기가 아닐까. 자유롭고 평등한 개인들이 소통하고 연대하며 공동체의 미래와 안녕, 체제와 비전을 함께 논의할 수 있는 것, 투명하고 공정한 경제 활동이 보장되고, 이를 통한 사회적 재화가 그 구성원 모두를 위해 분배되고 이 과정에서 국가 경제가 튼실하게 확대재생산 되는 것, 이처럼 민주주의는 구체적인 생활의 질감으로 우리에게 다가오는 '가치'인 것이다. 이 책이 주제로 삼고 있는 벤야민, 아도르노, 데리다, 라클라우, 지젝 중에서 앞의 두 철학자를 제외하면, 모두 우리 입장에서는 부럽기 그지없을 수도 있는 서구 자본주의의 민주주의를 문제 삼고 있다. 이들을 통해 우리는 자본주의의 성숙이 결코 민주주의를 자동적으로 가져오지 않는다는 사실을 다시금 깨닫게 된다. 아울러 벤야민과 아도르노에 관한 장은 파시즘과 전체주의가 우리들 외부에서 나타나 홀연히 우리를 장악하고 지배하는 '괴물'이 아니라 우리가 눈감고 외면하는 현실의 작동 원리라는 점을 냉정하게 지적해 줄 것이다.

국가의 존망과 성패와 관련하여 올해는 그 어느 때보다 중요한 해이다. 한미 FTA협상 및 국가의 제반 시스템을 바로잡고 다시 손질하여 앞으로 나아갈 것인가 아니면 신자유주의의 물결에 휩쓸리고 독재와 부패에 허덕이며 좌초할 것인가. 자본에 맞서 인간의 존엄을 찾기 위하여, 적자생존의 살벌한 경쟁논리 대신 자유로운 소통과 공존의 해법을 얻기 위하여, 낡은 교과서가 아니라 생활 속에서 민주주의를 다시 사유하지 않으면 안 된다. 지난 몇 년간의 체험에서 뼈저리게 느꼈듯이 민주주의는 생활 속에서 스스로 찾고 구하지 않는다면, 결코 우리의 것이 될 수 없는 여전히 살아있는 가치이다. 민주주의의 귀환이 그 어느 때보다 절실하다.

2012년 1월
양 종 근

차례

민주주의에 대한 다양한 입장들

현대의 국가들은 민주주의를 지향한다

"의사 결정시 시민권을 가진 모두 또는 대다수에게 열려 있는 선거 또는 국민 정책투표 등의 방법을 통하여 전체적인 구성원의 의사를 반영, 실현시키는 사상 및 정치 사회체제", "일반적으로 국민(인민) 개개인이 나라의 주인된 힘, 즉 주권을 행사하는 이념과 체제". 위키피디아가 정리하고 있는 민주주의(民主主義, democracy)의 의미이다. 민주주의라는 용어의 어원은 그리스어인 'δημοκρατία—(dēmokratía)' 즉 국민에 의한 지배("rule of the people")에서 온 것인데, 이것은 국민을 의미하는 "δῆμος(dêmos)"와 권력을 의미하는 "κράτος(Kratos)"가 합쳐진 말이다.

그러나 민주주의란 용어는 사전적 정의처럼 그렇게 단순

명료하지 않다. 인간 제도에 대한 많은 용어들이 그렇듯이 민주주의란 용어 역시 매우 포괄적이고 모호한 것이어서 쉽게 정의하기 힘들기 때문이다. 민주주의를 좀더 구체적으로 이해하고자 할 때, 우리는 더욱 당황하게 되는데, 그 외연을 명확히 하기 위해 민주주의의 다양한 분류들에 접근하면 할수록 민주주의라는 말이 사용되는 다양한 맥락과 만나게 되기 때문이다. 직접, 간접, 대의, 심의, 참여, 사회 등등 민주주의를 수식하는 많은 용어들의 다양함에서 알 수 있듯이, 민주주의는 저 홀로 정의되기 힘든 모호한 개념이다.

민주주의라는 개념이 이토록 다양하게 활용되고 있는 까닭은 그만큼 민주주의가 매력적인 개념이기 때문이다. 과거부터 현재에 이르기까지 민주주의는 때로는 전혀 다른 정치체제를 각각 지칭하기도 할 만큼 폭넓게 활용되고 있다. 근대 이후 민주주의를 표방하지 않은 민족, 국가가 없다고 해도 과언이 아닐 만큼 민주주의는 국가체제의 정치적, 이념적 좌표의 역할을 하고 있다. 이념적으로 대립적인 정치체제를 지향하고 있는 남한과 북한이 공유하고 있는 말이 있다면 그것은 민주주의이다. 널리 알려져 있듯이 북한의 공식적인 국가명은 '조선민주주의인민공화국'이며, 남한 또한 "대한민국은 민주공화국이다"를 헌법 제1조에 내세우면서 민주주의를 표방하고 있다. 사회주의 국가인 중국과 쿠바 또한 인민 중심의 공화국을 국명에 사용하고 있다는 사실을 통해서도 알 수 있듯이, 민주주의는 자본주의 국가 체제의 전유물은 아니다. 민주주의는 현대적 형태의 국가가 형성된 이래로 꾸준히 국가 이념과 밀접한 관계를 맺어왔다.

민주주의는 근대적 사회의 산물이다

민주주의라는 용어가 지금과 같은 의미로 널리 받아들여지게 된 것은 근대적 사유와 밀접한 관계가 있다. 중세와 봉건 시대에 세계의 중심이자 주인은 '신' 또는 '왕'이었다. 신과 왕은 평화적으로 공존하거나, 혹은 갈등하면서 스스로가 세상과 국가의 주인임을 공공연하게 주장하였으며 이는 부정할 수 없는 사실로 여겨졌다. 그러나 근대 국가는 더 이상 '국민'이 아닌 다른 누군가가 국가의 주인이 될 수 없음을 명시하고 있다. 근대 국가의 출현과 이에 기반한 근대 사회의 이념적 모토는 '자유'와 '평등'이다. 널리 알려진 '사회계약설'은 개인의 자유와 평등이 더 이상 자연 상태로는 유지하기 힘들게 되었을 때, 이를 사회 구성체를 통해 실현한다는 것으로 요약할 수 있다. 그러나 '사회계약설'에서 주장하는 것처럼 사회구성체가 언제나 자유와 평등의 이상을 실현하고 있는 장소인 것은 아니다. 루소의 말처럼 "인간은 자유로운 존재로 태어났지만, 도처에서 쇠사슬에 얽매여 있다. 자기가 남의 주인이라고 생각하고 있지만 사실은 그 이상으로 노예인 것이다.” (루소는 사회계약설을 통해 자유로운 개인을 억압하는 사회구성체를 자유와 평등이 실현되는 이상적인 세계로 전환시켜야 한다고 주장했다.) 루소는 사회계약설을 통해 자유로운 개인의 자율적이고 주권적인 자기의지의 발현과 그러한 개인들 간의 상호존중과 인정의 평등 의식을 주장했다. 루소가 “우리들 각자는 신체와 모든 힘을 공동의 것으로서 일반 의지의 최고의 지도 아래 둔다. 그리고 우리는 각 구성원을 전체의 불가분의 일부로서 한꺼번에 받아들이는 것이다.”라고 말했을 때 그것은 자유로운 개인의 존엄한 평등에 대한 새로운 시대정신으로 받아들여졌다.

이처럼 민주주의는 근대 국가 및 근대 사회의 형성과 관련이 있으며, 그것을 가능하게 하는 정신적인 가치에 있어서 자유와 평등이 중심적인 의의를 지닌다. 그러나 민주주의의 이념적 토대라고 할 수 있는 자유와 평등이 온전히 실현되는 세상에 우리가 살고 있는 것 같지는 않다. 근대 국가 및 근대 사회가 민주주의를 정치적으로 표방하고, 그에 따라 민주주의 정신에 입각한 상호존중의 사회적 관계가 형성되는 것처럼 보이지만, 실제로 우리가 누릴 수 있는 자유와 평등은 제한적인 것에 불과하다. 마르크스의 말처럼 근대 국가의 경제 체제가 ‘자본주의’를 표방하는 한 노동자들에게 허용된 자유는 자신의 노동력을 고용주에게 팔 자유뿐이다. 실제로 자본주의

하에서 자유란 개념이 매우 유용했던 것은 그것이 노동자의
자유계약을 의미했기 때문이다. 자본가와 노동자의 고용계약
이 '자유'롭기 때문에 노동자는 자유롭게 자신의 노동력을 팔
아서 임금노동자로 전락한다. 자본주의의 이러한 '자유' 개념
은 계급사회를 고착시키는데 매우 유용하며, 그러한 계급사회
를 당연한 것으로 받아들이는 한에서만 허용되는 제한적인 개
념에 불과하다. 그래서 시인 김수영은 '자유에는 피의 냄새가
섞여 있'고, '혁명은 고독한 것'이라고 노래했는지도 모른다.

    푸른 하늘을
           김수영

    푸른 하늘을 제압하는
    노고지리가 자유로왔다고
    부러워하던
    어느 시인의 말은 수정되어야 한다.

    자유를 위해서
    비상하여 본 일이 있는
    사람이면 알지
    노고지리가
    무엇을 보고
    노래하는가를

어째서 자유에는
피의 냄새가 섞여 있는가를
혁명은
왜 고독한 것인가를

혁명은
왜 고독해야 하는 것인가를

평등에 대해서도 똑같은 말을 적용할 수 있을텐데, 자본주의적 계급 불평등은 비단 '사유재산의 소유'라는 관점에 입각한 경제적인 불평등만을 의미하는 것이 아니다. 생산과 소비 및 인간관계 전반을 아우르는 사회적 삶의 양식 전반에 계급적 불평등은 만연해 있다. 누구나 재벌 2세의 삶을 꿈꾸어 본 적이 있을 것이다. 그러한 꿈은 "돈이나 한번 원 없이 써봤으면"이라는 단순한 생각에서부터 "그러한 지위가 나를 가치있는 존재로 만들어 줄 것이다"라는 생각에 이르기까지 다양한 원인에서 출발한다. 한국드라마의 단골 소재인 재벌 2세와 평범한 여성과의 러브스토리는 이러한 대중적 욕망을 잘 반영한다. 『시크릿 가든』이라는 드라마가 잘 보여주듯이 돈 많은 재벌가의 2세이자 백화점의 경영자는 돈이 많다는 이유만으로 '사회지도층'이 된다. 동의하기 어려운 사람들도 있겠지만, 드라마 내내 이 돈 많은 남자 주인공이 되뇌는 대사가 바로

'사회지도층의 사회적 역할'이다. 그래봐야 돈 없고 의지할 곳 없지만 당당하게 살아가는 한 여자를 사랑하는 일이 전부이지만 말이다. 이 드라마가 더욱 매력적인 것은 이 남자 주인공의 시종일관 당당하고 자신감에 찬 태도 때문인데, '어떻게 너 같은 여자애가 날 사랑하지 않을 수 있니?'라는 '감히 나에게' 혹은 '감히 너 따위가'의 태도가 바로 그것이다. 그와 같은 태도야말로 우리 사회의 가치 지향과 의식 구조를 가장 잘 반영한다. 인간은 모두 평등하며 그래서 돈 많은 재벌 2세와 가진 것 없는 스턴트우먼은 시련을 이기고 사랑을 이루지만, 그것은 마법의 힘을 빌어야 할 만큼 실질적으로는 불가능한 판타지이다. 또는 그들이 사랑을 이룸으로써 평등한 인간의 가치를 실현시켰다 하더라도, 재벌 2세가 '사회지도층'이며 평범한 서민이 감히 탐낼 수 없는 위치에 있다는 사실이 사라지는 것은 아니다. 그들의 평등한 사랑은 이미 불평등한 그들의 조건과 계급을 인정한 이후에야 겨우 허용되는, 제한된 의미일 뿐이다. 이미 불평등한 우리들의 계급은 현실이며, 그럼에도 불구하고 완성되는 사랑은 판타지이다.

냉전은 민주주의의 각축장이었다

근대 국가를 논하면서 사회주의 국가를 배제할 수는 없다.

근대의 산물이면서 지금까지도 존속하고 있는 사회주의 국가는 진정한 의미에서 '평등'과 '인간해방'의 의제를 지속적으로 사고할 수 있도록 한 혁혁한 의의를 지니기 때문이다. 현실 사회주의 국가들이 진정한 의미에서 평등과 인간해방을 실현했다고 주장하는 것은 아니다. 오히려 평등과 해방에 관한 현대인의 실험이 실패로 끝났음을, 혹은 실패할 수밖에 없음을 나타내는 지표이면서, 동시에 서구 자본주의의 억압과 차별에 대한 지속적인 반성의 매개로 작용했음을 강조하려는 것이다. 서구 자본주의의 반자본주의자들은 동구 사회주의 국가를 자신들의 현실적 대안 모델로 여겼었고, 아시아나 아프리카, 남미의 민족 해방 운동이나 노동 운동 또한 현실 사회주의 국가들과 이념적인 친밀함을 드러내기도 했다.

그러나 사회주의 이념의 실현이라는 본래의 취지와는 관계없이 현실 사회주의 국가는 관료주의적인 비효율성, 생산력 저하, 자본주의와의 경쟁에서 드러난 상대적 빈곤, 인권과 환경 등의 문제에 대한 저급한 인식 등을 노정한 채, 냉전의 한 블록을 더 이상 유지하지 못하고 자본주의에 승리를 봉헌하게 된다. 비록 현실에서는 현실 사회주의 블록이 패배한 것처럼 보이지만, 자본주의의 모순이 지속되는 한 사회주의 이념이 지향하고자 했던 평등과 해방을 향한 일념은 자본주의 비판의 유효한 잣대로 작용할 것이다. 가령 냉전시대는 자본주의와 사회주의가 민주주의를 둘러싸고 벌인 경쟁의 각축장이었다고 해도 과언이 아니다. 적대적 관계 속에서 양측은 서로 자신의 진영이 더욱 민주적인 체제임을 선전함으로써 체제 우월성을 확립하려 했다. 상대방에 대한 흑색선전과 비방이 난무하기도 했지만, 서로의 장점을 받아들여 자신의 부족한 점을 수정하는 계기가 되기도 했다.

사회주의 국가들은 자본주의의 효율적인 시장 운영과 생산력 증가의 원인을 파악하여 이를 자신의 체제에 맞게 적용하려고 하였다. 1987년 구소련의 고르바초프가 주창한 '페레스트로이카'(перестро́й ка /perestroika)는 '재건' 혹은 '재편'이라는 뜻인데,

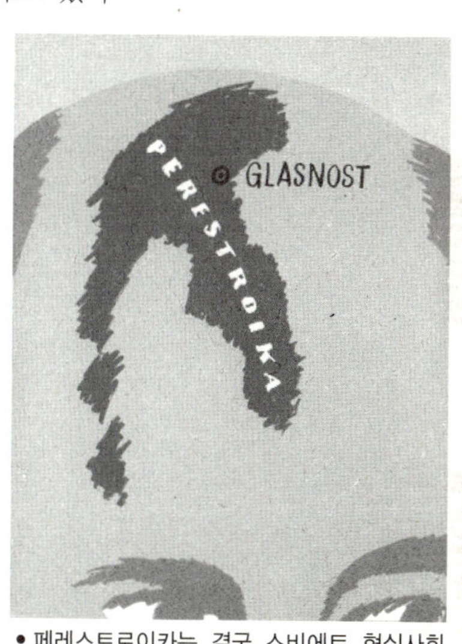

● 페레스트로이카는 결국 소비에트 현실사회주의의 붕괴를 가져왔다.

구소련 사회 전반의 정치, 경제적 개혁을 대표하는 말이었다. 그 중에서도 사회주의 경제의 부진을 해결하기 위한 경제의 개방과 개혁은 결국 시장경제로의 이행으로 이어졌다. 덩샤오핑 집권 이후 표면화된 중국의 변화는 경제 부문에서 가장 뚜렷하게 드러난다. 덩샤오핑의 중요한 정책 중 하나인 경제개발계획은 1978년부터 시작된 '4개의 현대화'를 포함하는 시장

경제로의 이행기와 1992년 이래로 현재까지 진행되고 있는 '사회주의 시장경제'를 의미하는데, 이는 사회주의를 포기한 것이라는 비판 속에서도 경제적 발전을 위해 어쩔 수 없이 자본주의의 장점을 수용하려는 의지의 결과로 해석될 수 있다.

한편 사회주의의 장점을 받아들이려는 자본주의의 시도 또한 불가피하게 진행되었다. 시장 유연화와 자기 조절 능력에 대한 맹목적 신뢰가 빚어낸 경제적 대참상이라고 할 수 있는 대공황(Great Depression)은 더 이상 시장원리에 사회를 내맡길 수 없다는 위기의식을 낳게 되었다. 그 결과 시장에 대한 정부의 개입이 적극 고려되었고, 이와 같은 정부 주도의 계획경제를 통해 시장을 규제하고, 다른 한편으로는 복지 정책을 통해 사회구성원의 기본적 생활을 보장하려는 시스템을 기존의 자본주의와 구별하여 '수정자본주의'라고 부른다. '계획경제'와 '복지'는 사회주의의 대표적 정책으로, 수정자본주의는 사회주의 체제의 장점이 경제적, 사회적으로 결합된 자본주의 체제라고 볼 수 있다.

이처럼 자본주의와 사회주의는 표면적으로는 대립의 양상을 띠고 있음에도 불구하고 서로의 제도와 시스템을 참조하고 활용하는 방식으로 경쟁해 왔다. 이러한 상호의존성은 서로의 체제가 민주주의적 우월성과 효율성을 대표한다고 선전하고 증명하기 위한 것이기도 했다. 이러한 의미에서 냉전체제는 상호견제와 경쟁으로 세계평화와 공영에 심각한 위기를 초래했지만, 한편으로 서로의 체제를 참고함으로써 각각의 체제가 가진 문제를 개선하고 극복하는 효과도 만들어냈다. 그러므로 냉전체제를 민주주의의 걸림돌로 단순화시키는 태도는 바람직하지 않다. 이러한 일방적인 주장은 종종 자기 체제의 한계를 반대 진영의 탓으로 돌림으로써 변화와 개혁을 외면하려는 태도와 연관되기 때문이다.

냉전이후 사회주의는 더이상 민주주의적 대안이 아니다

냉전시대가 끝나고 자본주의의 승리가 확인됨으로써 사회주의는 민주주의적 대안으로서의 의미를 상실하게 된다. 현실은 권선징악의 드라마와는 다른 경우가 더 많다. 자본주의는 그것이 선하고 옳기 때문에 승리한 것이 아니다. 마찬가지로 현실 사회주의가 악의 축이었거나 그릇된 신념에 의거했기 때문에 실패한 것도 아니다. 승자의 입장과 논리에서 패배한 상대자는 언제나 악한 존재로 묘사되기 마련이겠지만, 승리가 곧바로 체제의 우월성이나 그 체제의 국제적 인증으로 해석되어서는 곤란하다.

냉전시대의 공과와 득실을 냉정하게 되짚고 따져봐야 하겠지만, 냉전시대의 방식으로 사회와 인간을 이해하는 것이 더 이상 불가능한 시대에 살게 된 것만은 분명한 것 같다. 냉전의 종식은 일차적으로 자본주의의 전지구적 확장으로 이어진다. 사소한 예외를 제외하고 포스트 냉전시대는 자본주의의 획일적 지배가 주요한 경향으로 자리잡게 된 시대라고 바꾸어 말할 수 있다. 이제 더 이상 소비적인 이념 논쟁은 불필요하고 시대착오적인 것으로 여겨지게 되었으며, 자본의 무한경쟁에 살아남는 것이 지상과제가 되어버렸다. 경쟁과 효율의 시장 가치가 사회적 가치가 되어버림으로써 여타의 가치들은 배제되고 억압된다. 민주주의라는 가치는 다시금 시장 자본주의의 원리가 순조롭게 통용되는 범위 내에서 그것을 돕기 위한 보조적인 지위로 전락하게 되었다.

그러나 미국이 주도하는 신자유주의적 현실 하에서 민주주의의 이상을 실현하는 것은 거의 불가능에 가깝다. 그것은 자본주의적 계급관계를 전지구적으로 재편하려는 기획에 다름 아니기 때문이다. 자본주의의 계급 불평등과 억압이라는 문제점을 고스란히 간직한 채, 이러한 모순이 전지구적으로 확대 재생산 되는 현상이 바로 냉전 이후 재편되는 세계질서의 모습인 것이다. 유네스코의 캠페인을 통해 볼 수 있듯이, 물질적 풍요가 지구의 한쪽 끝에서 이어지고 있는 반면, 반대편에서는 기근과 질병으로 엄청난 생명이 목숨을 잃고 있는 것이 21세기에도 여전한 우리의 자화상이며, 이는 신자유주의가 확대될수록 더욱 심각한 상황을 향해 치달을 것이다.

이러한 심각한 현상에 대해 비판의 목소리들이 들려오는

것은 바람직한 일이다. 이 목소리들은 "서구 진영의 자유-민주주의가 진정한 의미에서 민주적인가"를 문제삼고 있다. 무페에 따르면, "우리가 근대 민주주의를 논의할 때 그것의 특징이 두 가지 상이한 전통 사이에서 표출된 것에 의해 특징지어지는 근대사회의 정치적 형태를 다루고 있다는 점을 인식하는 것이 중요하다. 한편으로는 법의 지배, 인권의 보장과 개인적 자유에 대한 존중 등의 가치로 구성되는 자유주의적 전통이 있고, 다른 한편으로는 평등과 치자와 피치자의 동일시, 그리고 인민주권 등의 사상으로 구성되는 민주주의적 전통이 있다."(무페, 2006 : 15) 그러나 서구 자본주의 사회에서는 법치와 인권, 개인의 자유라는 자유주의 이데올로기가 민주주의를 대신해 버렸고, 평등과 인민주권의 민주주의 가치는 실종되어버렸다는 것이다. 다시 말해 자유주의가 자유-민주주의의 탈을 쓰게 되어 버렸다는 것인데, 이러한 현상은 무페에 따르면 '민주주의의 빈곤'을 초래할 뿐이다. 아감벤(Giorgio Agamben) 또한 "오늘날 인민주권은 모든 의미를 차츰 상실해 버렸으며, 행정과 경제가 그것을 압도적으로 지배하고"(아감벤, 24) 있다고 지적한다.

한편 바디우(Alain Badiou)는 자유-민주주의가 민주주의의 본래의 뜻을 잃어버린 현실에서 "민주주의라는 단어를 제쳐두고 민주주의자가 되지 않음으로써 '모든 이'에게 정말 나쁘게 보일 위험을 감수해야겠지만, 그렇게 해야 우리는 우리가 살고 있는 세계에 관한 진리를 만들 수 있을 것이다.”(바디우, 29)라고 역설적으로 주장한다. 바디우가 이렇게 주장하는 이유는, 민주주의를 주장하는 것은 어떻게 하더라도 현 체제 지배 권력을 용인하는 것으로 귀결될 수밖에 없기 때문에, 민주주의라는 기표로는 지배 권력과의 이데올로기 싸움에서 이겨내기가 쉽지 않을 것이고, 사회와 세계에 대한 진실을 볼 수 없을 것이기 때문이다. 결론적으로 바디우는 민주주의가 탐욕의 생산과 화폐의 순환을 의미하는 자본주의의 원리로 변질되어 버렸다고 주장하면서 다음과 같이 제안한다. 즉 “만일 민주주의가 죽음충동을 조직하는 화폐의 추상이라면, 그것의 반대는 결코 전제주의나 ‘전체주의’일 수 없다. 그것의 반대는 집단적 실존을 이런 조직화의 지배에서 빼내는 것이다. 부정적으로 말하면, 순화의 질서는 더 이상 화폐유통의 질서여서는 안 되고, 축적의 질서는 더 이상 자본의 질서여서는 안 된다는 것이다. 그러므로 우리는 사물의 생성을 결단코 사적 소유에 맡기지 않을 것이다. 긍정적으로 말하면 인민의 생성을 주체적으로 제어하고, 사유−실천하는 것을 뜻하는 정치는 과학이나 예술처럼 그 자체의 것이 될 수 있는 비시간적 규범을 따라 그 자체의 가치를 지닐 것이다. 우리는 정치를 권력과 국가에 넘기지 않을 것이다. 정치란 결집된 능동적인 인민 속에서 국가와 법의 고사(枯死)를 조직하는 것이고, 또 조직하는 것이리라.”(바디우, 39~40)

결국 이들의 주장은 민주주의에서 '인민주권'과 '평등'이라는 본연의 의미가 자본주의와 화폐의 순화, 가치의 동질화를 의미하는 것으로 전락하게 되었으며, 자유주의의 몇몇 원리들이 민주주의의 변질을 은폐하고 있다는 것이다. 벤사이드(Daniel Bensaid)의 주장처럼 이제 민주주의는 "자유무역과 자본의 자유로운 유통"(벤사이드, 47)을 의미하게 되었다. 이와 같은 오해된 민주주의라는 용어에 대해 벤사이드는 다음과 같은 의미교정을 시도한다. "민주주의는 살아남으려면 항상 더 멀리가고, 그것의 제도화된 형태들을 영구하게 위반하며, 보편적인 것의 지평을 뒤흔들고, 평등을 자유의 시험대 위에 놓아야 하기 때문이다. 민주주의는 정치적인 것과 사회적인 것 간의 불확실한 나눔을 끊임없이 뒤흔들고, 사적 소유로 인한 피해 그리고 공적 공간과 공공재에 대한 국가의 침해에 필사적으로 항의하기 때문이다. 마지막으로 민주주의는 항구적으로 모든 영역에서 평등과 시민권에 대한 접근을 확장시키려 애써야 하기 때문이다. 민주주의는 그것이 끝까지 스캔들을 일으키는 한에서만 민주주의인 것이다."(벤사이드, 81)

랑시에르가 올바르게 정의하듯이 민주주의는 "인민의 권력, 권력을 행사할 어떤 특수한 자격도 갖지 않은 자들의 권력"(랑시에르, 132)을 뜻한다. 그런 의미에서 서구의 자유-민주주의 사회는 온전한 의미에서 민주주의를 획득하고 있지 못하다. 로스는 이와 같은 사실에 직면하여 다음과 같이 결론내리고 있다. 즉, "실제로는 민주주의가 존재하지 않고 그 반대가 옳다는 사실을 인정해야만 한다. 그리고 이와 동시에 민주주의라는 용어에 담긴 원래의 보다 폭넓은 의미를 간직하는 것이 얼마나 필요한 일인지를 인정해야만 한다. (…중략…) 민주주의는 어떤 형태라기보다는 일종의 계기, 최상의 경우에는 일종의 계획이다. 랭보의 숱한 구호 중 하나인 사랑처럼, 민주주의는 공적 삶의 끊임없는 사유화에 맞서는 투쟁의 이름으로서 재창조되어야만 한다(로스, 164). 민주주의는 이미 실현된 완료형 명사가 아니다. 그것은 여전히 미완의 형태로, 과정 중에 있다. 특정한 정치형태나 제도형태가 아니라 끊임없이 재정의되고 재창조될 수 있는 민주주의, 이미 획득한 민주주의가 아니라 도래할 가치로서의 민주주의라는 더욱 넓어진 외연을 가진 미래지향적인 패러다임을 고민해야 한다.

민주주의에 대한 새로운 시각이 필요하다

그렇다면 이러한 우울한 현실 속에 새로운 희망의 가능성은 없는 것일까. 사회주의가 자본주의의 대안으로 더 이상 가능하지 않은 상황에서, 자본주의의 브레이크 없는 독주를 막기 위한 새로운 의제의 설정이 그 어느 때보다도 절실한 상황이다. 때마침 서구의 지성계는 '민주주의'를 대안으로 제시하고 있는데, 이는 상당히 유의미한 시도인 것 같다. 왜냐하면 민주주의는 이데올로기적으로 가장 중립적이며 가장 보편적인 공감을 얻고 있는 용어이기 때문이다. 전체주의, 독재, 파시즘을 공공연히 옹호할 수 있는 사람은 아무도 없을 것이며, 민주주의는 자본주의가 노골적으로 선전한 자신의 정치체계이자, 사회주의가 자본주의의 공로로 인정한 몇 안 되는 역사적인 유산들 중 하나이다. 자본주의가 민주주의적인 정치 형태를 지향하고 실제로 많은 역사적 진전을 이룩한 것이 사실이기는 하지만, 그렇다고 해서 자본주의 사회에서 민주주의가 제대로 실현되고 있다고 보기는 어렵다. 결국 민주주의라는 용어를 새로운 의제로 꺼내든 것은 자본주의와 친연성있는 용어를 통해 자본주의를 비판하고 자본주의와 대결하도록 만들기 위해서이다. 우리는 자본주의가 스스로 부정할 수 없는 민주주의를 통해, 불충분한 민주주의를 촉구하고 새로운 가치를 지향할 수 있을 것이다. 그래서 이 책에서는 '민주주의'라는 공통어로 서구의 현대 이론을 검토하고, 이 용어를 둘러싼 쟁점들을 분석해 보고자 한다. 이 책에서 다루는 이론가들은 자본주의도 사회주의도 우리 시대의 대안으로 인정될 수 없는 불안 속에서 현실의 문제를 비판하고 새로운 대안을 모색한다. 난해하기로 이름 높은 이론가들의 이론을 이해하는 것이 쉽지는 않겠지만, 이미 세계화의 물결에 개방된 우리 사회 역시 이들의 고민과 많은 것을 공유하고 있다는 것도 분명하다. 그러므로 이들의 난해함은 현학적인 자기과시로 소비되어서는 안된다. 민주주의라는 가장 현실적이고 보편적인 개념을 중심으로 이들을 다시 읽고자 하는 것은 절실한 현재의 문제로부터 우리의 미래를 고민하기 위해서이다. 인문학적 사유는 언제나 파편적이고 난해한 현실의 표면으로부터 인간에 대한 깊은 고민과 미래를 향한 탐색을 이끌어낸다.

이 책의 1장에서는 벤야민과 아도르노의 이론을 소개할 것이다. 비판이론가로 잘 알려진 벤야민과 아도르노는 자본주의가 제국주의적 팽창을 경쟁하던 시대의 이론가들로서 자본주의적 야욕이 어떻게 인간을 소외시키고 억압하는지를 극명하게 보여준다. 세계대전으로 귀결된 서구 자본주의의 식민지 쟁탈전은 피식민 국가의 국민들 뿐 아니라, 서구인의 삶과 영혼을 파괴하였다. 제국주의에 대한 반성은 민주주의에 대한 탐구로 이어졌다. 시장 자본주의에 근거한 민주주의 개념이 실제로는 자본의 논리에 철저하게 굴복하고 이용당하는 처지에 놓이게 되는 과정에 대한 철저한 탐구와 반성이 진행되었던 것이다. 우리에게는 익숙한, 그래서 어찌 보면 자연스러운 것으로 여겨지는 자본주의, 별다른 문제의식없이 받아들이고 있는 자본주의가 왜 문제가 되는지, 지금 여기 이곳에서 살아가는 우리의 자화상을 되돌아보는 기회를 가질 수 있을 것이다.

2장에서는 데리다의 '새로운 인터내셔널'이라는 새로운 민주주의 개념이 소개될 것이다. 통상적으로 데리다는 서구 형이상학 비판의 선구자로 잘 알려져 있지만, 후반기 그의 작업은 마르크스 이후 자본주의 비판의 가능성과 새로운 민주주의의 구상에 집중되어 있다. 마르크스를 포함한 마르크스주의자들이 서구의 형이상학적 이론가들과 이념적 대립을 형성해 온 것에 주목한다면, 데리다의 논의들이 마르크스주의와 맺고 있는 친연성을 짐작할 수 있을 것이다. 데리다의 새로운 민주주의에 관한 논의는 마르크스주의에 호의적인 사람이든 그렇지 않든 간에 마르크스주의에 대한 기존의 입장을 다시 생각해 볼 수 있는 기회를 제공한다. 아울러 데리다의 서구 형이상학 비판의 논점이 진정 무엇이었는지를 재고함으로써 난해한 그의 이론을 좀더 명료하게 이해할 수 있을 것이다.

3장에 소개하게 될 라클라우는 현대 서구 지성 담론의 장에서 민주주의라는 용어를 유행시킨 장본인이다. 자본주의와 사회주의의 고착된 대립이 오래 지속되고 있는 상황에서 라클라우는 사회주의 대신 민주주의라는 용어를 통해 자본주의를 극복하고자 했다. 그의 논의는 정통마르크스주의라고 일컬어지는 기존의 구 소련을 포함한 동구의 마르크스주의자들 뿐 아니라 서구 마르크스주의 진영에도 일대 센세이션을 불러일으키며 포스트마르크스주의로의 길을 열게 된다. 그의 '급진적 민주주의' 논의는 사회구성체에 관한 다양한 논의들을 포함하고 있다는 점에서도 중요한 관심의 대상이 될 것이다.

마지막으로 4장에서는 현재 서구에서 가장 문제적인 이론가들 중 한 명이라고 할 수 있는 슬라보예 지젝에 대해서 고찰할 것이다. 라캉의 정신분석학과 마르크스주의를 넘나들면서 서구의 다양한 이론가들과 활발한 논쟁적 관계를 유지하고 있는 지젝은 현대 서구 지성계의 현주소를 비추는 거울과도 같은 역할을 하고 있다. 라캉의 후기 이론을 사회학적으로 계승, 발전시키고 있는 지젝은 사회적 상징질서의 필연적 불가능성을 주장하며 상징질서의 균열과 틈에 주목하기를 주장한다. 상징질서를 넘어서는 주체의 결단을 의미하는 '실재계의 윤리'에 관한 논의가 민주주의에 관한 토론에 어떤 의미가 있는지를 알아보도록 한다.

이 책이 주목하고 있는 서구의 이론가들은 하나같이 자본주의를 문제삼고 있다. 이들은 자본주의와 민주주의가 공존하기 힘들다는데 동의하고 있다. 그러나 이들이 동의하는 또 다른 결론은 기존의 마르크스주의나 이제는 몰락한 현실 사회주의 국가 체제는 민주주의적인 대안이 될 수 없다는 점이다. 그리하여 이 책에서는 자본주의와 마르크스주의에 관한 비판적인 주장들이 반복해서 나타나게 될 것이다. 서구의 지성들이 마련하고자하는 민주주의는 자본주의와 마르크스주의 그 어느 쪽에도 쉽게 귀속되지 않는 대안적인 민주주의의 성격과 체제를 뜻하기 때문이다.

이 책에서 탐색하고자 하는 민주주의는 우리의 일상생활에서 자주 등장하는 흔해빠진 용어이지만 거기에 머물지 않는 대안적 의미에서의 민주주의이다. 그 대안적 의미를 찾기 위해 현대의 모든 정치체계들이 스스로 표방하는 민주주의가 실상은 거기에 상응하는 의미, 자유와 평등이 공존하는 평화의 공동체로서의 가치로 채워져 있지 못하다는 사실로부터 출발하고자 한다. 말하자면 현재의 민주주의는 기표뿐인, 형식과 허울만 남은 결핍의 민주주의이다. 자본주의도, 사회주의도, 심지어 제국주의와 파시즘마저도 그 이름을 얻고 싶어했던 민주주의가 사실은 비어있는 기표일 뿐이라는 사실을 적시하는 것은 그래서 중요하다. 그 비어 있는 민주주의를 채워 넣는 일의 중요성은 쉽게 거절할 수 없는 일종의 정의로 자리매김 되기 때문이다. 그러나 그 정의와 당위를 수행하는 일이 쉽지는 않을 것이다. 모두가 스스로 그 이름을 얻으려 하였으나 여전히 왜곡과 결핍으로만 그 존재를 증명하고 있는 현재의 민주주의가 그 어려움을 증명하는 증거이다. 그리하여 우리는 자본주의의 독주를 우려하며 새로운 사회구성의 방향을 고민했던 서구의 이론가들을 이 지난한 길을 함께 걸어갈 동반자로 참조하고자 한다. 이들의 이론은 때로는 요령부득의 난해함으로, 혹은 구체적 대안의 모델을 정하지 못하는 곤혹스러움으로 다가올지도 모른다. 그럼에도 불구하고, 그 난해함과 곤혹스러움 속에서 길을 찾는 과정은 분명 예상치 못한 보람을 가져다 줄 것이다. 그것은 우리가 함께 행복해지는 일로 이어져 있을 것이니까. 그리고 쉽게 행복해질 수 없으므로 우리는 그것을 소망하는 것일 테니까.

무관심은 우리를 아둔한 존재의 늪에 빠뜨리는 반면, 과감히 실패함으로써 우리는 앞으로 나아갈 수 있고, 그럼으로써 더 잘 실패할 것이다.

(지젝, 『잃어버린 대의를 옹호하며』 17)

민주주의와 자본주의의 불안한 동거

> 마르탱 : 선생님 아시나요? 말하자면 … 사업이 세계의
> 왕입니다!
> 드제네 : 마르탱 씨, 저도 같은 의견입니다. 하지만 왕
> 만으로는 부족합니다. 신하들도 필요합니다.
> 그래서 그림이나 조각, 음악이 필요한 거죠
>
> [A 6a, 3][1]

꿈을 회상하기

민주주의에 관한 논의를 자본주의로부터 시작해 보면 어떨

---

[1] 다음 형식의 인용은 벤야민의 『아케이드 프로젝트』(조형준 역, 새물결, 2005)가 출처이다. 이 책은 논문형식으로 된 부분과 몽타주라는 새로운 형식으로 기술된 부분으로 나뉜다. 다소 혼란스럽기는 하겠지만, 논문형식으로 쓰여진 부분은 (프로젝트 쪽수)로 표기하고, 몽타주 형식으로 기술한 부분은 원문의 일련번호를 따르기로 한다.

까. 우리는 자본주의 시장경제에 기반한 자유-민주주의 국가에서 살고 있다고 자부하고 있으니까. 많은 사람들이 자본주의와 민주주의를 거의 동일한 것으로 취급하는 경향이 있지만, 실상 자본주의와 민주주의는 거의 관련이 없다. 시장경제에 기반한 자본주의에는 민주주의의 발전을 저해하거나 민주주의를 위협하는 반민주적인 특성이 내재되어 있기 때문이다. 시장경제의 효율성은 인간에게 물질적 풍요와 함께 지적 발전을 가져다 주었고, 그 결과 물질적 풍요에 기반한 민주적 의식의 성장을 견인함으로써 인류 역사상 그 유래를 찾아볼 수 없는 급진적인 발전을 가능하게 했다. 그러나 경제학자들의 주장처럼 시장의 효율성이 시장의 정당성을 곧장 보증해주지는 않는데, 그것은 현실적으로 시장은 마치 기울어진 축구장처럼, 등가교환이 불가능한 불공정한 게임의 장이기 때문이다. 결국 개발도상국보다 선진국이, 중소기업보다 대기업이, 노동자보다 고용주가 시장에서 더 유리할 수밖에 없는 '선발자 이점(first mover advantage)'은 우리 사회 및 국제 사회에 '빈익빈부익부'라는 양극화 문제를 심화시킨다. 현실의 시장은 그 시작부터 불평등을 포함하고 있으며, 이처럼 은닉된 불평등에서 자본주의의 제반 문제가 출발한다.

영화 『자본주의, 러브스토리(Capitalism : A Love Story)』나 『시대정신(Zeitgeist)』 시리즈는 자본과 권력의 결탁이 무고한 시민들을 곤경에 빠트리고 자가 증식하는 과정을 잘 보여준다. 마이클 무어는 빈부격차, 향락문화, 인권침해 등 자본주의 사회가 오직 자본의 증대만을 추구할 때 얼마나 큰 사회적 재앙과 위기를 맞을 수 있는가를 잘 보여준다. 피터 조셉은 금융 자본시대로 일컬어지는 후기 자본주의 사회에서 금융 자본 권력이 국가 권력보다 더 위력적이며 위험한 것임을 경고하고 있다. 즉 자본주의 사회에서 "이익이 된다면 무엇이든 한다"는 자본의 논리는 무차별적으로 비인간적이다. 자본주의가 인간적인 옷을 입을 수 있었던 것은 우리가 민주주의로 알고 있는 '사회주의'의 시스템 중 일부를 빌려 온 덕분이다.

21세기를 맞이한 현재, 국제적 환경의 급격한 지각변동은 국가적, 민족적 존망과 사활을 건 변화와 도전을 요구하고 있다. 전 지구적 자본주의화를 향한 국가 간 무한경쟁의 급물살은 파도타기를 통해 살아남을 것인가 아니면 파도에 휩쓸려 좌초할 것인가의 양자택일 이외의 선택을 허락하지 않는 것처럼 보인다. 경쟁과 시장논

● 〈자본주의 : 러브스토리〉는 '시장사회화'되는 자본주의의 비인간성을 고발한다

리의 획일적인 전횡은 '도약'과 '진보'의 이름으로 포장되어 '국가경쟁력' 혹은 '선진국'의 상품으로 유통되고 있지만 이에 대한 우려와 반대의 목소리는 무기력하고 잘 들리지 않는다. 사실 이러한 변화는 너무도 급작스럽고 대규모로 진행되고 있어서 어디서부터 어떻게 분석하고 이해해야 하는지 혼란스럽다. 전지구적 단위로 진행되는 신자유주의의 논리는 국가 단위의 분석만으로는 미흡할 뿐만 아니라, 사회 전영역에 그 파급 효과가 미치기 때문에 현재의 분과학적 체계 하에서 총체적이고 통합적인 분석을 행하는 것 또한 쉽지 않기 때문이다. 여기서 민주주의 논의를 자본주의에서 시작해 보자는 말은 사회과학이나 경제학, 국제정치학적 관점을 총망라해보자는 뜻이 아니라, 자본주의에 대해 인문학적인 성찰의 시선을 드리워 보자는 뜻이다. 사회의 지배적 작동 원리가 된 시장논리는 그 이외의 가치와 원리를 갈아버리는 '악마의 맷돌(Satanic Mill)'이 되고 있다. 이 참혹한 현실에 냉담하고 예리한 비판의 목소리를 내는 것이야말로 지난 수세기 동안 인문학이 거침없이 행해왔던 사회적 역할이었다. 이 장에서는 벤야민과 아도르노의 프리즘을 통해 자본주의의 스펙트럼을 한땀한땀 고찰해 볼 것이다. 이들은 서구 자본주의 열강들이 자신의 야욕을 맘껏 드러내던 '식민지 쟁탈전 챔피언스리그'를 경험하는 한편, 이에 대항하여 인민의 해방과 주권을 주장하며 역시 팽창해갔던 현실 사회주의 국가들의 '그들만의 리그' 또한 목도하게 된다. 이들은 그 역사적 특수성으로 인해 자본주의, 사회주의, 관료주의, 파시즘 등의 문제점을 생생하게 파악하고 그 문제점을 지적할 수 있었다. 그리고 이들이 지적한 지점은 우리의 민주주의 논의가 놓치지 말아야 할 중요한 사실들을 적시하고 있다.

자본주의의 기획 : 아케이드 프로젝트

주지하다시피 발터 벤야민(Walter Benjamin)은 아도르노, 브레히트, 블로흐 등 당대의 비판적 지식인들과의 인간적, 학문적 교류를 통해 자신만의 독특한 사상체계를 구축하였다. 그의 독특한 개성은 마르크스주의와 친화적이면서도 마르크주의와 구별되는 지점에 자리잡고 있다. 그는 자본주의와 시장경제의 모순과 비인간성을 통렬히 비판한다는 점에서 마르크스주의의 후계자이면서도, 「생산자로서의 작가」와 「기술복제 시대의 예술작품」 등의 작품을 통해 문학과 예술이 처한 시장 환경과 시장변화에 가장 예민하고 진취적으로 반응했던 아방가르드 이론가였다. 일견 모순처럼 보이는 벤야민의 이러한 이중성은 자본주의와 시장 '속에서' 시장과 자본주의를 변화시키려는 내재적 비판의 성격에서 기인한다. 따라서 벤야민에게 시장과 문학, 예술의 관계가 무슨 의미인가를 파악하는 것이 중요하다. '시장사회화'의 무시무시하고(uncanny) 획일적인 상황 속에서 문학과 예술의 거처를 마련하는 일은 가능한 것인지, 그리고 그것은 어떤 의미가 있는지를 말이다. 그러기 위해서 우리는 우선 벤야민이 복원한 아케이드를 따라가 보아야 할 것이다.

자신의 야심찬 미완성 프로젝트인 『아케이드 프로젝트』에서 벤야민은 19세기 서구의 전형적 모습을 가장 적나라하게 보여준 도시 파리를 몽타주하여 자본주의의 유아기적 모습을 보여주려고 한다. 이제 성인이 된 자본주의 시대를 살아가는 현대인들은 이렇게 그려진 과거와 자신이 목도하고 있는 현재의 모습을 마치 몽타주처럼 비교 체험함으로써 일종의 '각성'을 체험하게 된다.

19세기 파리는 큰 변화를 맞이한다. 최초의 산업제품, 최초의 산업 건축물, 최초의 기계뿐만 아니라 최초의 백화점, 광고 등이 소개되기 시작한다. '최초의' 경험이 충만한 파리의 거리는 길을 따라 걸으면 온통 '새로움'을 만날 수 있는 곳이다. 그러니 파리를 제대로 경험하고 싶다면 '걷는 것'만으로도 충분하다. "비행기를 탄 사람에게는 단지 펼쳐진 평원으로만 보이는 지형의 경우, 걸어가는 사람에게 길은 돌아서는 길목마다 먼 곳, 아름다운 전망을 볼 수 있는 곳, 숲 속의 빈터, 전경(全景)들을 불러낸다."(벤야민, 2007 : 77) 시간을 갖고 천천히 길을 걸으면 나타나는 도시의 풍경들, 모퉁이를 돌때마다 펼

쳐지는 새로운 모습들, 길거리와 광장, 건물들, 그 곳을 구경하고 지나치는 사람들과 그 곳이 삶의 터전인 사람들, 그 하나하나가 파리라는 지도의 중요한 요소가 된다. 벤야민은 다음과 같이 산책자를 묘사한다. "파리 전도로 한편의 흥미진진한 영화를 만들어낼 수는 없을까? 파리의 다양한 모습을 시간적인 순서대로 펼쳐 보임으로써 말이다. 그리고 수세기 동안 진행된 가로나 불르바르(boulevard), 아케이드나 광장들의 변화를 30분이라는 시공간 안에 응축시킴으로써 말이다. 산책자는 바로 이런 일을 하고 있는 것이 아닐까?"([C 1, 9]) 산책자는 거리, 아케이드, 광장의 변화의 증인이면서, 그 변화의 열렬한 찬미자이기도 하다. 그들은 나날이 새로워지는 도시의 변화에 열광하고, 이러한 변화를 가능하게 만드는 기술 발전과 경제 번영을 향유하는 자들이다.

19세기에 파리를 가장 크게 변화시킨 것은 '아케이드'이다. "파리의 아케이드들은 대부분 1822년 이후 15년 동안 만들어졌다. 아케이드가 등장하기 위한 첫 번째 조건은 직물 거래의 번창이었다. 신유행품점 즉 대규모 상품을 가게 안에 상비한 최초의 점포들이 등장하기 시작한다. 이것은 백화점의 전신이기도 하다."(벤야민, 2005 : 91) 현대의 대량생산과 대량소비의 원조격인 아케이드란 섬유와 패션의 대규모 전시와 판매를 위해 기획된 건물과 건물 사이의 개방된 통로공간이다. 상점가의 보도 위나 상점과 상점 사이의 통로에 지붕을 씌움으로써 날씨에 구애받지 않고 쇼핑을 할 수 있도록 설치된 이 시설은 새로운 상품전시 공간이자 새로운 쇼핑의 공간이었다. '상품자본의 신전'으로서의 아케이드의 "갤러리형 거리란 실내 통행 방식으로, 이것만으로도 궁전과 문명으로 이루어진 아름다운 문명 도시들을 하잘 것 없는 것으로 여기도록 만들기에 충분할"(벤야민, 2005 : 161) 만큼 매혹적이며 숭배의 대상이다. 이제 그 어떤 예술보다 패션은 다가올 유행, 대중의 기호와 바램을 더 잘 이해하고 이를 표현한다. 패션은 지속적으로 그리고 점점 더 짧은 주기로 새로운 상품들을 쏟아냄으로써 대중의 열광에 부응한다.

짧은 주기로 빠르게 변화하는 패션의 거리에서 벤야민은 화려함과 풍요로움 이면의 '죽음'과 '매춘'의 그림자를 응시한다. 패션이 그렇게 빨리 부패하지 않는다면 새로운 것을 그렇게 빨리 쏟아낼 필요가 없다는 것이다. "패션이란 여성을 이용한 죽음의 도발이며, 도저히 잊기 힘든 날카로운 웃음소리가 간간이 들리는 가운데 부패와 나누는 씁쓸한 대화이다. 이것이 바로 패션이다. 패션이 그렇게 빨리 변하는 것은 바로 이 때문이다."([B 1, 4]) 한편 1893년에 고급 매춘부들이 아케이드로부터 추방되었다고 한다. 이는 아케이드가 이전까지 매춘의 온상지였다는 사실을 말해준다. 이러한 사실 외에도, 패션이 판매되고 소비되는 공간에서 성의 이용은 불가피하다. "역사적 전환기라고 할 수 있는 시기에 파리의 상인들은 패션계를 일변시킨 두 가지를 발견한다. 상품의 진열과 남자 종업원이 그것이다. (…중략…) 남자 종업원의 채용. 이를 통해 여성에 의한 남성의 유혹이 그것보다 심리적으로 더 교활한 남성에 의한 여성의 유혹으로 대체되었다"([A 8, 3]) 이제는 일반화된 상품 판매 전략 중 하나인 '성의 상업화(sexploitation)', 즉 성적인 암시나 이미지를 이용하여 소비 대중의 관심을 환기시키는 방식이 이미 이 시기에 도입된 것이다. 패션에 드리워진 죽음과 성의 이미지는 상품 전시의 화려한 이면에 감추어진 암울하고 추악한 그림자를 보여주는 것이다.

아케이드의 또 다른 면모들을 살펴보자. 지금은 자연스럽게 받아들여지는 '정가 판매제'가 이 시기에 도입되었는데, 그 의미를 벤야민은 다음과 같이 설명한다. "각 상품에는 정찰 가격이 찍히게 되었는데 (…중략…) 사는 사람의 얼굴을 보고 상품의 값을 결정하는 일이 없어졌다. 손님이 원하면 거래를 취소할 수 있는 반품 제도도 도입되었다. (…중략…) 백화점

• 아케이드는 쇼핑을 돕기 위해 건물 사이에 지붕을 이은 공간을 말한다. 아케이드는 백화점의 전신이다.

의 당초 계획으로는 값을 흥정하는 시간을 줄임으로써 소매 점에 비해 시간을 절약할 수 있도록 하는 것이 중요한 역할을 했다.”([A 12, 1]–[A 12, 2]) 백화점의 전신이라고 할 수 있는 아 케이드 시대에 이제 더 이상 인간적인 시장의 모습을 기대하 기는 힘들어졌다. 재화의 교환을 통한 상호 협력과 호혜라는 시장 본연의 의미는 사라지고 효율적 거래와 이윤 창출의 비 인간적인 시스템이 도입된다. ‘반품’과 ‘신용’은 인간에 대한 믿음을 의미하는 것이 아니라 상품 브랜드에 대한 믿음을 표 상한다. 한편 이 시대에 전성기에 이른 주식 투기는 봉건시대 로부터 이어져 온 도박을 대체한다. 이처럼 이 시기에 벌써 우리시대에 볼 수 있는 자본주의의 특징들이 모두 나타난다. 벤야민이 마치 사진처럼 보여주는 19세기는 우리의 자본주의 적 소비시장을 비춰주는 거울이기도 하다.

이 시기의 특징을 전형적으로 잘 보여주는 행사가 하나 있 는데, “유럽 전체가 상품을 보러 나섰다”라고 묘사된 그것은 바로 ‘산업박람회’와 ‘만국박람회’이다. ‘상품이라는 물신을 위한 순례지’가 되어버린 만국박람회는 상품들을 찬미하면서 소비 공간을 신성화하는 화려하고 눈부신 이벤트이다. 이 행 렬에 노동자도 예외는 아니다. 노동자들은 다양하게 진열된 상품들의 향연을 통해 물질적 풍요를 약속받고 차별과 고된 노동에서 오는 고통을 위안 받는다. 물론 이때의 위안은 거짓 위안이다. “만국박람회는 상품의 교환가치를 미화한다. 박람

회가 만들어놓은 틀 안에서 상품의 사용가치는 뒤로 밀려난
다. 만국박람회는 환등상을 열어주는데, 사람들은 기분전환을
위해 그러한 공간으로 들어간다. 오락산업은 인간을 상품의
높이까지 끌어올림으로써 쉽게 기분전환을 할 수 있게 해 주
었다. 인간의 자기 자신으로부터의 소외와 타인으로부터의 소
외를 즐기는 가운데 오락산업의 조작에 몸을 맡긴다. 상품을
옥좌에 앉히고 이 상품을 둘러싼 빛이 기분전환을 가져다”(벤
야민, 2005 : 100) 준다. 상품의 사용가치가 뒤로 밀려나고 교환
가치가 미화되는 현상, 인간마저도 상품으로 변하고, 소비와
오락산업의 기분전환으로 소외를 망각하는 현대인의 삶이 바
로 ‘환등상(Phantasmagoria)’의 허위체험이다. 화려한 네온사인
과 거리의 간판들, 다채롭게 전시된 고급 상품들과 판매원들
의 세련된 몸짓, 찬란한 자본주의의 소비공간에서 거짓 위안
과 거짓 희망을 불러일으키는 환등상은 일상적 빈곤과 소외
를 일시적으로 망각하게 함으로써 마약과도 같은 치유제 역
할을 한다. 자신이 처한 물질적 불평등과 억압, 비인간적 대
우와 차별은 환등상이 보여주는 가상적 세계의 위안으로 인
해 냉정하고 올바르게 인식되지 않는다.

이처럼 상품에 대한 물신적 숭배가 제공하는 가상적 위안
은 결국 불평등과 소외를 고착시킨다. 그러나 사물의 상품 형
식의 문제점은 이것만이 아니다. 벤야민에 따르면 “사물은 상
품이 되어야 비로소 인간을 서로 소외시킬 수 있다. 가격을

통해서 그렇게 작용하는 것이다. 상품의 교환가치, 즉 상품의 등가성의 토대에 대한 감정이입─그것이 결정적이다."([J 92, 4]) 사물이 지닌 고유의 가치는 무시되고, "얼마짜리?"인가가 그 사물의 가치를 이해하는 유일한 척도가 된다. '상품의 등가성'이란 이처럼 가격, 즉 숫자로 환치되어 버린 가치 부여 방식이다. 모두가 한 번쯤 읽었음직한 『어린왕자』의 한 장면은 이러한 사실을 잘 보여준다.

어른들은 숫자를 좋아한다. 새로 사귄 친구들에 대해 이야기하면, 어른들은 가장 중요한 일은 묻지도 않는다. 즉 이런 말은 묻지도 않는 것이다.

"그 애 목소리는 어떠냐? 어떤 놀이를 가장 좋아하지? 나비채집도 하니?"와 같은 말은 묻지도 않고, "그 애는 몇 살이지? 체중은 얼마나 나가니? 그 애 아버지는 돈을 많이 버시니?" 라고 물어 댄다. 어른들은 이런 숫자들로만 그 애가 어떤지 다 안 것처럼 생각한다.

어른들에게 "장미빛 벽돌로 지어졌고, 창문에는 제라늄 꽃이 피어 있으며, 지붕에는 비둘기들이 앉아있는 아름다운 집을 보았다."라고 말하면 그들은 그런 집에 대해서는 전혀 관심이 없는 것 같아 보인다. 그러나 어른들에게 "2만 달러짜리 집을 보았다."고 말을 하면 그들은 "정말 굉장한 집이구나!"라고 감탄할 것이다.

개별적인 사물이나 인간의 개성과 가치를 통해서 그 대상을 이해하기보다, 구체적으로 그 대상을 다양한 감각으로 수용하려고 하기보다, 수치화된 일괄적 기준으로 편리하게 대상을 재단해버리는 현상을 위의 예는 잘 보여주고 있다. 상품화로 인해 사물의 사용가치가 사라지고 교환가치가 가격을 결정함으로써 가치가 균질화되고 획일화된다. "금세기는 독창적인 창조성이 풍부한 고립된 힘들의 치세를 획일적인 힘들의 치세로 이어주게 될 것이다. 이 획일적인 힘은 사물을 평균화하고, 제품을 균일화해서 대량으로 방출하고, 사회라고 하는 것의 최종적인 표현인 통일적인 사고에 복종시키게 될 것이다."([A 11a, 7]) 벤야민이 인용하고 있는 발자크의 이 문구는 현재까지도 널리 받아들여진 상품화에 대한 일반론적 비판이다. '평균화', '균일화', '통일화' 속에서 다양성은 사상되고 이질성은 억압된다.

아직 상품화의 문턱에서 주저하며 서성이는 이 시기 예술의 예를 살펴보면 사태는 더욱 분명해지는데, 사물의 상품 형식이 본격화되는 이 시기에 예술은 상품이 되어 실용적인 유용성을 인정받거나 이를 거부하는 비순응적인 태도를 견지하는 두 가지의 선택밖에는 할 수 없었다. 파리 아케이드 신용품점(新用品店)에 점원은 대략 2만 명이 있었다. 이들 중 "대다수는 고등학교의 고전 과정을 수료한 자들이다. (…중략…) 개중에는 어느 작업장에도 속하지 않은 화가나 건축가들도 있어, 이들은 진열품의 구성, 유행품의 디자인 결정, 어떠한 방향으로 유행을 창조할 것인가를 결정하는 등 이 두 분야의 예술에서 (…중략…) 몸에 익힌 지식을 훌륭하게 활용하고 있다."([A 9, 1]) 이처럼 '고전', '미술', '건축' 등은 유행 디자인과 진열 방식에 활용되는 운명에 처하게 되는데, 유행을 따르고 창조하는데 도움이 되는 유용한 것으로 받아들여지기 위해 예술은 끊임없이 새로운 것을 추구해야 하며, 이는 앞서 언급한 환등상의 세계에 동화되는 것을 의미한다. 반면, "비순응주의자들은 예술을 시장에 넘겨주는 것에 저항한다. 이들은 '예술을 위한 예술'의 기치 아래 결집한다. 이로부터 예술을 기술의 발전으로부터 차단하려는 총체적 예술 작품이라는 구상이 탄생한다."(벤야민, 2005 : 107) 이렇듯 '예술을 위한 예술'이라는 순수주의 예술론은 애초부터 상품화라는 시장논리로부터 살아남기 위한 목숨을 건 선택이었지, 예술의 본질 등과는 아무런 관련이 없는 것이었다. 상품 사회에서 효율성의 기피는 즉각적으로 사회로부터의 소외와 도태를 의미하기 때문에 즉각적인 효용성과는 차별화된 자신을 가치, 예를 들어 교육적 기능 혹은 정서적 감동과 감흥 등을 주장함으로써 틈새 시장을 형성하게 된다. 그러나 이러한 예술의 이데올로기적 기능마저도 훗날 기술시대의 고급상품으로 변질되게 되고, 결국 상품화에 저항하기란 애초부터 불가능하다는 것을 깨닫게 된다. 그리하여 예술가 또한 예외없이 앞서 언급한 산책자의 모습을 띤다. "산책자의 형태로 지성이 시장에 발을 들여놓는다. 겉으로는 시장을 둘러보기 위해서라고 말하지만 실제로는 자기를 살 사람을 찾기 위해서. 아직 후원자를 갖고 있지만 이미 시장에 익숙해지기 시작한 이 중간 단계에서 지성은 보헤미안의 형태를 취한다. 이들의 경제적 입장의 불확실성에는 이들의 정치적 기능의 애매함이 대응한다."(벤야민, 2005 : 105) 경제적 가치가 사회 전영역의 가치 기준으로 확산되고, 경제적 가치 이외의 사회적 가치들이 경제적 가치에 복속되는 현상이 심화될수록 경제적으로 불확실한 입장에 처한 지성인들의 사회적 역할은 애매해진다. 상품 가치의 기준이 상품 생산과 소비에만 적용되는 것이 아니라, 효율성과 시장성의 가치 기준이 획일적으로 사회 전영역에 확대, 적용됨으로써 지성의 역할과 예술의 의의 또한 획기적으로 변모하게 된다.

자본주의·사회에서 시장가치가 사회적 가치를 지배하는 '시장사회화' 현상은 우리시대에만 예외적으로 고유한 것이 아니다. 벤야민이 생생하게 보여주었듯이 자본주의의 상품화 현상은 대중의 소외와 억압을 고착시키고 그들을 시장논리의 획일적 사고에 갇혀버린 존재로 전락시킨다. 이러한 자본주의의 일방통행적 가치 지향은 민주주의적 가치 지향과는 이질적인 것으로, 민주주의를 향한 사회적 진행에 걸림돌이 될 뿐이다. 이러한 사실을 우리는 아도르노의 논의를 통해서도 확인할 수 있게 될 것이다.

총체적으로 관리되는 사회와 도구적 이성

아도르노는 벤야민과 동시대의 지식인이었다. 벤야민과 아도르노를 포함한 비판이론가들은 특이한 이론지형에 위치해 있다. (개인적인 편차에도 불구하고) 그들은 자본주의를 승인하지 않았지만, 그렇다고 마르크스주의에 전적으로 의존하지도 않았다. 파시즘과 스탈린주의라는 절망적인 상황에서 그들은 정신분석과 니체를 포함한 다양한 이론들을 수용하였고, 관념론 계보의 이론들을 비판하였으며, 유물론적 입장을 견지하려 애썼다. 그들 중 가장 깊이 절망의 결을 드러낸 이론가는 아도르노이다. 절망의 깊이만큼이나 그는 진지하게 현실을 성찰했고, 희망의 희미한 빛은 그래서 더욱 아득하다. 그러나 아도르노의 글은 난해하기 그지없고 따라가기 벅찰 만큼 논의가 촘촘하다. 다가가기 어려운 아도르노가 감추듯 드러낸 교훈은 무엇인가. 출발점에 다시 서기 위해 우리는 그로부터 무엇을 얻을 수 있을까.

아도르노를 언급할 때, 우리는 루카치라는 우회로를 거치지 않으면 안된다. 캘리니코스가 지적하듯이 "1923년에 창립된 프랑크푸르트 사회 연구소는 1930년대에 호르크하이머의 지도 아래서 대체적으로 루카치적인 틀내에서 작업을 하였다. 즉 사물화 이론이 부르주아 사상과 문화에 대한 그들의 비판적 분석의 방법론을 제공하였던 것이다."(캘리니코스, 129) 루카치의 『소설의 이론』은 "별이 빛나는 창공을 보고, 갈 수가 있고 또 가야만 하는 길의 지도를 읽을 수 있던 시대는 얼마나 행복했던가?"(루카치, 29)라는 말로 시작한다. 『소설의 이론』은 아직 루카치가 마르크스주의자가 되기 전의 저작이지만, 그는 '별'과 '길'의 비유를 통해 총체성을 잃어버린 시대의 소외된 인간의 삶을 성찰했다. 『소설의 이론』에서 잃어버린 서사시 시대의 총체성을 찾아서 길을 떠났던 여행자는 비로소 마르크스주의와의 조우를 통해 인간해방의 길을 비춰주는 창고 속에서 빛나는 '별'을 발견하게 되는데, 이때의 별은 세계의 총체적인 모순과 그 방향을 인식하는 노동계급에 대한 믿음으로 설명된다. 『역사와 계급의식』을 포함하여 리얼리즘론과 후기의 미학이론에 이르기까지 그의 한결같은 주장은 '노동계급의 총체적 인식'이었는데, 이것은 서사시 시대의 잃어버린 총체성의 회복제와도 같은 것이었다. 또한 그것은 자본주의에 의해 초래되는 사물화 과정의 고리를 끊을 수 있는 쇠톱 같은 무기를 노동계급의 손에 쥐어주는 일이었으며, 좌파지식인의 임무이기도 했던 것이다. 루카치는 마르크스주의자가 되기 전의 저작이었던 『소설의 이론』에서 환멸적 현실의 정체를 알아버린 주체가 현실을 조롱하고 그것을 견디는 힘으로 '마성적 아이러니'(demonic irony)를 제시한 바 있다.

마성(demon)은 신성(divinity)과 대비되는 것으로, 신이 구축해 놓은 이 세계의 질서가 아무런 가치가 없는 것이며, 이 가치에 따라 살아가는 것이 무의미하다는 것을 알게 된 '문제적 개인'을 말한다. 박찬욱 감독의 '복수 시리즈 3부작'(〈복수는 나의 것〉, 〈올드 보이〉, 〈친절한 금자씨〉)이나 김지운 감독의 〈악마를 보았다〉는 사회 정의가 더 이상 개인을 보호해 줄 수 없는 상황에서 법적 대응보다는 개인적 복수를 기획하는 개인들의 이야기이다. 신이 창조한 세계이면서도 신에 의해 버림받은 세계 속에서, 나약한 개인의 모든 반항이 실패로 끝날 수밖에 없다는 것을 알아버린 자의 자유가 바로 마성적 아이러니를 의미하는 것이다.

마르크스와 노동계급의 세계사적 의미를 알게 된 루카치에게 더 이상 아이러니라는 마성은 필요 없게 되었다. 루카치의 매력은 서구 관념론과 스탈린주의 사이의 긴장에 있다. 그는 노동계급에게 역사의 주체라는 계급의식을 심어주기 위해 노력했으며, 그 계급의식이 역사와 현실에 대한 총체적 인식을 통해 획득되기를 기대했다. 현실의 변화 발전하는 본질적인 추동력을 인식하라는 루카치의 주장은 스탈린주의로 대변되는 소비에트 당의 명령이나 요구에 전혀 부합하지 않는 것이기도 했다. 관념론의 정태주의적 세계이해와 스탈린주의의 무반성적 우월감에 맞서 현실주의적 총체성을 통해 유물론을 구원하고 계급의식을 고취하고자 했던 루카치의 노력은 분명 당대에 의미 있는 것이었다.

• 벤야민과 아도르노는 스탈린의 전체주의와 자본주의의 사물화 현상을 모두 부정한다

아도르노의 자본주의 비판의 요체 또한 "사물화라는 상품 교환의 물질적 구조와 그것의 내면화인 사물화된 의식"에 있다. 아도르노는 현대 사회를 총체적으로 관리되는 사회라고 진단하면서 그 원인을 '도구화된 이성'에서 찾고 있다. 말하자면 계몽의 역할을 담당하던 이성이 이제 더 이상 계몽의 도구가 아닌 자기변명의 도구로 변절했으며, 그 결과로 사회는 총체적으로 관리되게 되었다는 것이다. 이성은 신화로부터의 탈마법화를 지향하는 계몽으로의 끝없는 여정을 중단하고 이제 스스로 여행이 끝났다고 주장하는 것이다. 아도르노에게 파시즘과 스탈린주의는 계몽의 통로가 막혀버린 막다른 길의 끝이며, 현대사회는 가상적으로만 '탈마법화'되어 있다.

그런데 이성의 도구화는 이성적 사유 즉 개념화의 필연적 결과이다. 하버마스의 설명처럼 "계몽의 과정은 그 시초부터 자기보존의 충동에 힘입고 있는데, 이 충동은 이성을 불구로 만든다. 왜냐하면 자기보존의 충동은 이성을 오직 목적합리적 자연지배와 본능지배의 형태로서, 즉 도구적 이성으로만 요청하기 때문이다."(하버마스, 141) 대상에 대한 이성의 추상작용이 곧 개념화인데, 이성은 자신이 개념화한 내용에 대해서 더 이상 고민하지 않고, 그것을 대상과 동일시한다. 추상이 진행될수록 추상물은 자신의 대상과 더욱 멀어지게 되지만, 이성은 그것을 인정하지 않고 대상에 대해 더욱 구체적인 인식을 하게 된다고 믿는다. 헤겔 정신현상학에서 인식작용의 치명적인 약점은 바로 대상에 대한 거리를 현상과 본질의 (변증법적) 일치라는 말로써 봉합한다는 것이다. 알튀세르가 '표현적 총체성'이라고 비판한 '동일성 철학'은 개별성의 초과를 허용하지 않는다. 도구적 이성의 동일화 작용이 바로 루카치에서는 사물화된 의식이며, 알튀세르에게는 지배이데올로기이고, 데리다에게는 로고스중심주의인 것이다. 표현은 다르지만 이들 이론의 공통점은 바로 서구 관념론의 이론적 현실적 한계와 왜곡에 대한 비판이다.

제임슨은 "동일성이 일상생활 속에서 갖는 얼굴이란 바로 반복 그 자체, 비슷한 것이 끊임없이 되풀이되는 것, 그로 인해 우리 마음이 갖게 되는 황량함과 지루함—다른 말로 표현하면 노이로제—이다."(제임슨, 72)라고 말한다. 우리의 마음이 황폐화되는 순간에 자본주의는 끊임없이 자기증식을 되풀이하면서 재생산된다. 아도르노가 보기에 동일성 이론은 자본주의의 상품교환의 원리를 뒷받침한다. 모든 생산물의 가치를 교환가치로 균질화시켜 상품으로 만들어버리는 자본주의의 가치원리를 동일성의 이론이 반영한다는 것이다. 현상 본질과 관련한 국가와 시민사회에 대한 헤겔의 설명을 기억한다면, 아도르노의 동일성 비판이 얼마나 적실성이 있는가를 알 수 있을 것이다. 그러나 아도르노가 이성을, 개념을, (헤겔주의) 변증법을, 그리고 총체성을 비판한다고 해서 이들 모두를 용도폐기하는 것은 아니다. 오히려 아도르노의 딜레마는 비개념을 개념적으로 파악하고, 비이성을 이성적으로 구원하고, 총체성과 변증법을 근본적으로 비판함과 동시에 그것의 재건 가능성을 엿보려는데 있다. 아도르노의 비동일성 이론은 개념적 사유 자체에 대한 부정이 아니라 개념적 사유가 간과하거나 의도적으로 누락시키고 있는 요소들에 대한 끊임없는 성찰의 강조라고 봐야 한다. 그는 자신의 사유가 변명적 합리화나 자기확증의 악순환적 마법에 걸려있는 것은 아닌가 반성할 필요성을 강조하는 것이다.

그리하여 개별자는 새로운 관계 속에 진입한다. 개별자 혹은 개별자로서 특수자는 더 이상 보편자를 표현하기 위한 요소들 중의 하나가 아니며, 전체 속에서 용해되지도 않는다. 개념은, 그것이 구축한 보편은 특수한 개별 사물의 구체성을 억압하고 그를 자신의 지배하에 두려고 하고, 개별적인 특수한 것들은 자신의 출생이 바로 그 보편의 부재에 있음을 잊고 보편을 비아냥거리는 것으로 자신의 존재를 과시하려 한다. 이 철없는 특수성과 반성할 줄 모르는 보편성 사이에서 위태로운 길을 잡는 것이 아도르노의 전략인 셈이고, 보편과 특수 사이의 줄다리기를 위태롭게 계속하는 방법은 바로 성좌적 개념에 기대는 것이 된다. 저 하늘에 빛나는 별은 모두 자신만의 고유한 위치에서 자신만의 색과 밝기로 그 곳에 존재한다. 그 별들을 하나하나 각각 떨어뜨려놓고 볼 때 그것은 무질서한 군성을 이룰 뿐이다. 그래서 우리는 그들에게 별자리로서 이름을 붙여준다. 별자리 형상으로 우리는 쉽게 찾고자 하는 별을 찾고 방향과 길을 찾을 수 있다. 하나의 별로서 독자적으로 빛나면서도 다른 별들과 함께 별자리를 구성함으로써 의미를 지니는 것, 이것이 바로 개별과 총체가 동시에 강조되는 성좌의 의미이다. 제임슨의 말처럼 "개념을 폐기하지 않으면서 동시에 개념을 물화로부터 회복시키기 위한 근본작업은 개념을 총체성이나 체계 (…중략…) 속에 다시 집어넣는 것이다."(제임슨, 92)

아리스토텔레스의 말처럼 인간은 사회적 동물이다. 인간은 사회를 형성하며 그 사회의 문화적 환경 속에서 특유한 인식을 발전시켜 나간다. 인간의 감각과 감각에 기초한 인식은 인간이라는 유적 존재로서의 보편성뿐만 아니라 사회적, 문화적 환경의 특수성에 의해서도 규정된다. 원시 사회의 인간은 사냥을 하고 맹수의 위협으로부터 안전을 확보해야 하기 때문에 시각이 발달되어 있다. 이에 반해 도시 중심의 현대 사회는 많은 사람들이 가까운 거리에서 잦은 접촉을 하며 살아가기 때문에 후각이 발달되어 있다. 은희경의 소설 「그녀의 세 번째 남자」에서는 하나, 둘 이상은 모두 '많다'로 인식하는 아프리카 원주민의 이야기가 나온다. 이처럼 감각과 개념은 그것을 창조한 사회적, 문화적 배경과 관련이 있다. 그러므로 어느 한 개념을 제대로 이해하기 위해서는 그 개념이 탄생한 체계 속에서, 다른 개념들과의 연관관계 속에서 파악해야 한다.

보편은 특수를 제압하고 동일성의 원리 속에 존재의 있는 그대로를 우겨 넣으려는 아집 대신 존재의 주변에 자리잡음으로써 스스로가 윤곽에 위치해야 하고 그를 통해 그 내용을 설명할 수 있어야 한다. 한편 특수는 삭제된 자신의 육체를 개념으로부터 역으로 사유할 수 있어야 한다. 아도르노가 그리는 총체는 위계화 되고 서열화 된 그런 총체가 아니다. 사유의 변증법은 추상이 강화될수록 보편에 다가서는 그런 개념화의 경로를 거치지 않는다. 개념적 동일성을 통한 이성적 지배원칙 혹은 개념의 절대성에 대한 욕구는 사유의 한 측면일 뿐이다. 변증법은 이러한 동일성의 강제적인 논리를 필요로 하면서 또한 그것을 버려야 한다.

일반적으로 헤겔의 변증법은 보편성을 향해 떠나는 의식의 여행이다. 의식은 개별적인 것을 있는 그대로 내버려두지 않는다. 변증법의 과정은 개별적인 것, 특수한 것을 이런저런 방식으로 묶어내고 결합하고 분류함으로써 개별자들에 대한 보편적인 인식을 획득하는 것을 의미한다. 예를 들어 "여성은 어떻게 다른가?" 이 문제를 풀기 위해 우리는 개별적인 여성들을 관찰하여 이들에게 공통적으로 나타나는 특징들을 분류한다. 이를 남성의 특징들과 대조하여 "여성은 감정적이다"라든가 "여성은 남성보다 약하다" 등의 법칙을 만들어 낸다. 이처럼 법칙화된 보편성은 개별적인 것을 이해하는 데 도움을 준다. 그러나 보편이 지나치게 강조되면 개별적인 것이 지니고 있는 특수한 요소들, 보편적 종합에 함께 묶이지 못하고 배제된 요소들은 무시되고 억압되며 그래서 무리하게 강조된 보편적 개념은 개별적인 것에 대한 올바른 인식을 방해한다. 앞선 예에서 "여성은 감정적이다"라는 인식은 "여성은 감정적이어서 이성적 판단을 잘 하지 못하며 그러므로 조직생활에 적합하지 않다"라거나 "이성적이고 냉철한 여성은 매력이 없다"라는 인식으로 귀결된다. "여성은 약하다"라는 인식은 "여성은 약하니까 남성의 보호를 받아야 한다"라거나 "여성은 약하니까 남성보다 열등하다"라는 식의 논리로 이어진다.

결국 보편화 과정은 개별적인 것을 더 잘 이해하기 위한 것임에도 불구하고 개별적인 것에 대한 올바른 인식을 오히려 억압하는 결과를 낳게 되는 것이다. 보편성이 더욱 많이 추구될수록 종합적이고 총체적인 개념적 인식이 가능해지는 반면, 구체적인 것에 대한 추상성이 높아지고 특수한 요소들에 대한 배제가 많아지게 됨으로써 개별적인 것을 왜곡되게 인식할 가능성도 그만큼 높아지게 된다. 보편성을 향해 가는 개념적 사유의 이와 같은 위험성을 경고하는 아도르노는 보편성이 높을수록 높은 수준의 인식이 가능해진다는 위계화된 사고방식을 경계한다. 개념적 동일성은 인간 인식에 필수적이지만, 그 동일성은 언제나 배제하고 억압한 특수한 것들 때문에 스스로 불완전할 수밖에 없다는 것을 인정해야 한다. 헤겔 변증법이 비판받는 것은 결국 그것이 보편성을 지속적으로 추구하는 정-반-합의 과정이며, 종국에는 절대정신에 이르는 과정으로서, 최종적으로는 위계적이고 서열화된 이론일 수밖에 없기 때문이다.

헤겔적 변증법에 익숙한 사람들에게 아도르노의 변증법은 까다롭기 그지없다. 헤겔적 변증법을 교정하면서까지 아도르노가 변증법에 집착하는 것은 현상학, 해석학, 경험주의와 실증주의가 팽배한 서구 관념론에 대한 아도르노의 극단적 거부감 때문이다. 그가 볼 때 서구 관념론은 그 형태의 다양함에도 불구하고 사유를 통한 현실의 전유가 가능하다는 믿음을 공유하고 있다. 관념론에서 현상과 본질은 사유과정에서 분리되어 있으며, 그래서 서로 무관하게 동떨어져 있거나 아니면 유기적으로 결합되어 있을 뿐이다. 관념론에서 이 두 가지 이외의 선택은 없다. 이러한 관념론적 파악 하에서 진리는 현상적인 체험에 의존하거나, 아니면 현상과 무관한 초월적인 어떤 것으로만 인식된다. 그리고 사유는 현실과 동떨어진 채 사유작용의 형식논리 내에서만 진리를 파악한다. 『부정변증법』의 시작이 다음과 같이 시작되는 것은 바로 철학에 유물론을 각인시키고자 하는 아도르노의 야심을 잘 보여준다. "철학은 개별과학들로 인해 하나의 개별과학으로 후퇴할 수밖에 없게 되었는데, 이 점이 철학의 역사적 운명을 가장 눈에 띄게 나타내준다. 칸트는, 그 자신의 말을 빌린다면, 철학의 학파 개념을 탈피하여 철학의 세계개념에 도달했다. 그런데 철학은 어쩔 수 없이 학파개념으로 돌아가고 말았다. 철학이 학파개념을 세계개념과 혼동할 경우, 이 억지는 웃음거리로 된다. 헤겔은 절대정신에 대한 학설을 주장했고 철학이 절대정신에 속한다고 보았지만, 철학이 현실의 단순한 계기 혹은 분업 활동임을 알았고, 이로써 철학의 한계를 설정했다. 그 이래로 그러한 것은 철학 자체의 한계 및 현실에 대한 철학의 불균형으로 되었다. 철학이 이 한계설정을 철저히 망각하고 그 내적 구성이나 내재적 진리까지 전체에 의존한다는 점을 인식하는 대신 전체를 자신의 객체로서 독점하고 그 속에서 스스로가 차지하는 위치에 대해 성찰하는 일을 자신과 무관하다고 거부할수록, 그와 같은 한계와 불균형은 더욱 심각해진다. 그러한 순진성을 탈피한 철학만이 앞으로도 검토할 가치를 지닌다."(아도르노, 56) 아도르노의 서구 관념론에 대한 위와 같은 풍자는 이론적 실천으로서의 철학의 역할, 즉 세계를 변화시키기 위한 수단으로서의 철학에 대한 아도르노의 정확한 인식을 보여준다.

"이제는 어떤 이론도 시장을 벗어날 수 없게 되었다. 어떤 이론이든 경쟁적 견해들 가운데 가능한 것으로서 제공되며, 모든 이론이 선택대상으로 되고, 모든 이론이 흡수된다"(아도르노, 57)는 아도르노의 주장은 자신의 이론마저도 절대성의 욕심에 묶어두지 않으려는 그의 일관성을 보여준다. 즉 그는 자신의 이론이 역사를 초월하여 진리로 존재할 것이라는 관념론적 아집을 초반부터 스스로 봉쇄하고 있는 것이다. 이론의 진리 여부는 반영의 적실성 여부로 따져질 수 있는 것이 아니다. 진리는 현실 속에 그 자체로 존재하지 않으며, 또한 분리된 영역으로 파악된 주체 속에 존재하지도 않는다. 진리는 주체에 선재하는 것도 아니며 현실에 선재하는 것도 아니다. 진리는 주체들이-그 안에서 중요한 역할을 하는-현실을 구성하는 것과 마찬가지로 지속적으로 '구성되고 있다.'

아도르노의 변증법은 절대화된 마르크스주의에 대한 경고인데, 절대화된 마르크스주의의 가장 명백한 증거물이 바로 스탈린주의였다. 또한 서구 마르크스주의의 인간주의 역시 아도르노의 주요 경계대상이었다. 그래서 아도르노는 사물화된 노동계급에게 손쉽게 역사를 쥐어줄 수 없었다. 그에게 우선 중요한 것은 동일성의 악순환에서 빠져 나오는 것이지 권력의 향방이 아니었던 것이다. 파시즘과 아우슈비츠의 기억은 현상태 노동 대중에 대한 아도르노의 강한 불신을 보여준다. 파시즘은 대중적 기반 없이 억압적으로만 권력화된 것이 아니다. 독재와 인종주의에 대한 대중적 열망은 아도르노로 하여금 사회의 어떤 계급에게도 믿음을 가질 수 없게 만들었던 것이다. 비판이론이 노동계급과 단절되어 있다는 비판은 그러므로 일부분만 정당하다. 그에게 시급히 필요한 것은 계몽의 가차없는 진행이었던 것이다. 계몽이 사회의 모순과 억압에 대한 비판 의식의 하나라면, 계몽은 노동계급을 포함하여 억압받는 집단을 위한 것이고, 그렇다면 비판이론(특히 아도르노의)은 노동계급을 포함한 훨씬 광범위한 대상을 겨냥하고 있는 것이라고 볼 수 있을 것이다. 각도를 조금 달리해서 보자면, 비판이론은 혁명적 주체로서 노동계급이 우뚝 서기 위해서는 이데올로기적 의식의 정합성을 과대평가해서는 안된다는 경고를 담고 있다. 다시 말해 계급 주체성이 쉽게 만들어지지도 않으며, 계급적 위치와 조건에 대한 각성만으로는 올바른 비판의식에 이를 수 없다는 것이다. 노동자들은 계급적 주체이면서도 계급에만 귀속되지 않는 다양한 주체성을 지니고 있기 때문이다. 다양한 주체성을 인정하고 계몽의 차원을 다양화하는 것, 이것이 아도르노가 비동일성과 동일성의 변증법으로 말하려 했던 것은 아닐까.

기술, 자본주의, 비동일성

지금까지 우리는 기술의 변화와 과학의 발전이 가져온 자본주의의 상업주의적이고 소비주의적인 상품원리가 지닌 문제점을 살펴보았다. 그리고 뒤이어 '동일성 이론'에 대한 아도르노의 비판을 통해 이성의 권능과 총체적 사유의 가능성을 맹신하고 있는 서구 사상의 한계에 대해서 알아보았다. 결국 서구의 사상은 자신의 닫힌 체계 속에 스스로 갇혀버린 채 지속적으로 변화하고 있는 자본주의의 문제점에 다가가지 못했고, 그 결과 자본주의의 대중들은 상품화의 환등상에 사로잡힌 채 사회와 자신에 대한 비판적이고 합리적인 입장을 지니지 못하고 도구적 이성의 수준에 머물러 살게 된다. 자본주의와 서구 지성에 대한 이들의 비판이 있은 후 대략 한 세기가 지났지만, 상황은 나아진 것 같지 않다.

대형 쇼핑몰 혹은 백화점과 연결된 멀티플렉스는 대량 상품소비와 대중문화 유통의 결합 양상을 잘 보여준다. 대학에서 대중문화는 중요한 교양과목 중 하나가 되었으며, 영화는 대중의 여가와 문화활동의 중요한 영역으로 자리잡게 되었다. 인터넷 시대가 도래하면서 국경을 뛰어넘는 이미지의 대량복제가 이루어지고, 전자상거래는 상품의 유통과 소비의 새로운 시장영역을 개척하게 되었다. 네티즌이라는 새로운 대중이 형성되었고, 지역이나 직장에 기반하지 않은 취미와 관심사에 따른 동호회 집단들이 생겨나게 되었다. 기술의 발전과 시장 형식의 변화는 더욱 빠른 속도로 그리고 더욱 대규모로 진행되고 있는 것이다. 그러나 새로운 기술의 발전이 가져온 충격이나 양적, 질적으로 새로워진 시장, 문화산업, 예술의 모습은 그 자체가 위기이면서 기회이기도 하다. 환등상의 화려한 충격에 넋을 잃고 배회하는 산책자의 우울한 모습은 분명 비관적이지만, 그것은 새로운 지각의 세계를 열어주며, 충격을 통한 각성에 이르는 매개가 되기도 한다.

아도르노가 냉철하게 분석하는 현대사회에서, '관리되는 사회' 속에서 힘을 잃은 '비판적 이성'은 한갓 지배 질서를 합리화해주는 '도구적 이성'이 되어 버렸다. 서구의 지성은 자신의 체계적인 이론의 틀에 스스로를 가두어 버림으로써 체계화 과정에 놓쳐버린 소외된 개별자들을 억압한다. 지배 권력의 관리 도구로 전락해버린 '이성적 사유'에 대한 대안으로 아도르노는 '심미적 사유'를 제안한다. 심미적 사유라는 말은 개념적 사유의 전횡에 대항하고 비개념적 요소를 개념적으로 파악하려는 아도르노의 노력과 비이성을 이성적으로 구원하려는 그의 의지의 소산이다. 미와 사유라는 짐짓 모순된 용어를 혼합함으로써 그 의미는 쉽게 통분되어 파악되지 않으며 그리하여 비동일적 긴장이 용어 내부에서부터 팽팽하게 부풀어 오른다. 심미적 사유는 서구 지성의 '동일성 사유'에 대비되는 비동일적 사유이며, 사회의 성좌적 총체성을 인정하는 사유이고, 도구적 이성이 중지한 계몽을 다시 시작하는 사유이다. 그에게 있어 예술은 심미적 사유를 촉진하는 하나의 사회적 실천 영역이라고 할 수 있다. 예술적 진리는 사물화되어 마비된 의식을 일깨우며, 체제를 합리화하는 도구적 이성을 공격한다. 예술은 사회의 피안에 머무는 안식처도 아니며, 정치적 구호를 위한 선전물도 아니다. 예술은 사회에 대한 익숙한 시선을 거두고, 잃어버린 사유의 비판력을 회복하도록 도와주는 사회적 실천의 한 형식이다. 예술은 비동일적 사유를 촉진하고 사유로 하여금 사유 자체를 반성하도록 도와주는 역할을 한다. 아도르노의 비동일자에 대한 주장은 예술론에서보다 현대의 급진적인 철학 영역에서 최근에야 주목을 받기 시작했다. 데리다의 해체, 탈식민주의, 여성주의, 포스트마르크스주의, 그리고 라캉과 지젝 등의 정신분석학에서 '비동일자'는 '차연', '하위주체', '여성성', '적대' 그리고 '실재계' 등의 다양한 버전으로 재해석되고 재기입된다.

벤야민과 아도르노는 자본주의 비판이라는 분명한 문제의식을 가지고 있었지만, 스탈린주의라는 벽 앞에서 현실 사회주의 체제를 대안으로 생각할 수 없었다. 냉전의 이분법적 갈림길에서 이들은 그 어느 쪽으로도 걸어가기를 거부했던 것이다. 그러나 냉전 이후 자본주의가 독주하고 있는 포스트시대에, '자본주의'를 섬세하고 꼼꼼하게 성찰하고 있는 이들의 이론은 많은 시사점을 제공한다. 민주주의를 재고하고 있는 우리의 입장에서 이들의 비판과 성찰은 훌륭한 교본이 될 수 있을 것이다.

자본주의는 분명 자유와 평등이라는 민주주의의 기본 개념을 제한함으로써 민주주의의 진전을 가로막는 장애물이 되고 있다. 그러나 다른 한편으로는 자본주의가 발전시킨 기술 혁명과 시장 경제의 효율성은 민주주의 발전의 초석이 되기도 했다. 그렇다면 우리 시대의 더욱 진일보한 자본주의는 또 한 번 민주주의로 도약하는 발판이 될 수도 있을 것이다. 그러나 분명한 것은 '자본주의'를 문제시하지 않고서는 '민주주의'에 대해서 제대로 된 논의를 할 수 없다는 사실이다. 상품화 및 시장논리를 둘러싼 다양한 논의들이 민주주의를 향한 우리의 노력에 구체적인 문제의식을 제공하기 때문이며, 그 해법의 다양성이 민주주의를 주제로 한 다양한 논의들을 생산할 수 있도록 하기 때문이다. 자본주의에 대한 비판으로 첫 장을 시작한 것은 바로 이러한 이유 때문이다. 민주주의와 관련해서도 여전히 문제는 '자본주의'인 것이다.

● 발터 벤야민(Walter Benjamin, 1892년 7월 15일~1940년 9월 27일)

벤야민은 유대계 독일인으로 마르크스주의자이자 문학평론가이며 철학자이다. 그는 게르솜 숄렘의 유대교 신비주의와 베르톨트 브레히트로부터 마르크시즘의 영향을 크게 받았으며 또한 비판이론의 프랑크푸르트 학파와도 관련이 있다. 그의 가족은 독일사회에 편입되어 있던 유대인 공동체에 속해 있었고, 그는 유년시절을 베를린에서 보냈는데, 그 시기의 기억은 그의 책인 『1900년경 베를린의 유년시절』에 실려 있다. 청년 시절 그는 청년운동으로서의 구스타프 비네켄(Gustav Wyneken)의 그룹에 가담했고 거기서 젊은 시절 친구인 시인 하인레(Christoph Friedrich Heinle)를 만났다. 1923년, 24년 교수자격 심사 논문을 제출하고자 프랑크푸르트로 떠난다. 거기서 벤야민은 그보다 어린 아도르노(Theodor Adorno), 크라카우어(Siegfried Kracauer)와 친분을 쌓는다. 그의 교수자격 논문인 <독일비극의 원천>은 벤야민이 기존의 학술계과 비교해서 상당히 파격적인 의견을 가지고 있다는 것을 보여주었다. 1924년경부터 갖게된 사회주의에 대한 관심은 그를 1926년, 27년 겨울에 모스크바로 향하게 한다. 공산주의운동에 대해서 점점 동정을 하게 됨에 불구하고 벤야민은 평생 동안 그 스스로 "좌파 아웃사이더"라는 위치를 고수한다.

● 테오도어 아도르노(Theodor Adorno, 1903년 9월 11일~1969년 8월 6일)

아도르노는 독일의 사회학자, 철학자, 피아니스트, 음악학자 그리고 작곡가였다. 그는 막스 호르크하이머와 더불어 프랑크푸르트학파 혹은 비판이론의 1세대를 대표하는 학자이다. 프랑크푸르트학파에 속하는 학자로는 이 외에도 발터 벤야민, 헤르베르트 마르쿠제 등이 있으며, 위르겐 하버마스는 2세대 학자이다. 프랑크푸르트학파는 제2차 세계대전 이후 독일의 지적 부흥에 크게 이바지했다. 미학의 발전을 역사 진화와 '진리' 추구에 중요한 요소로 강조한 아도르노의 초기 저작들은 어릴 때 쌓은 음악적 훈련과 자유로운 요한 볼프강 괴테 대학교에서 받은 철학학위(1924)의 영향이 컸다. 프랑크푸르트대학교에서 2년간 가르친 뒤 나치의 유대인 박해를 피해 1934년 영국으로 이주했다. 옥스퍼드 머턴 칼리지에서 3년 동안 가르치고 다시 미국으로 건너가(1938) '프린스턴 라디오 연구계획'의 음악 책임자를 맡았으며(1938~41), 버클리 캘리포니아대학교에서 '사회차별에 관한 연구 계획'의 공동책임자 역할을 했다(1941~48). 그는 1949년에 프랑크푸르트대학교로 돌아왔다. 그의 후기의 철학 연구는 지식인 운동에 대한 비판이론적 분석에 초점을 맞추고 있다. 프로이트적 마르크스주의 이론에 바탕을 둔 아도르노의 분석은 개인의 중요성을 강조하고 권위주의를 거부하는 모습을 보인다.

정의와 새로운 인터내셔널

> 마르크스 없이는 없다. 마르크스 없이는 어떤 장래도
> 없다. 마르크스의 기억, 마르크스의 유산 없이는, 어쨌든
> 어떤 마르크스, 그의 천재/정령, 적어도 그의 정신들 중
> 하나에 대한 기억과 상속 없이는 어떠한 장래도 없다.
>
> (데리다, 2007 : 41)

공산주의라는 유령(들)

젊은 시절 누구나 한번쯤은 그냥 하루하루를 살아가는 문
제에서 벗어나 좀더 심오하고 좀더 폭넓은 고민들, 이를테면
"나는 누구인가?", "세상은 제대로 작동하고 있는가?", "세계
는 정의로운가?", "역사와 민족을 위해 나는 무엇을 할 것인

가?” 등에 대해 골몰한 적이 있을 것이다. 독재에 맞서 민주주의를 이야기하고, 자본주의에 맞서 공산주의를 몰래 동경하던 것이 유행이었던 시절의 이야기. 그러나 이는 과거에만 해당하는 이야기가 아니다. 독재로의 회귀는 민주주의가 항상적으로 안고 있는 위험요소이며, 공산주의가 자본주의의 모순을 지양한 대안체제라고 볼 때, 이러한 고민들은 아직도 진행 중인 현재의 문제인 것이다.

공산주의의 유령이 유럽을 배회하고 있다고 마르크스가 『공산당 선언』에서 선언한 이후 공산주의의 유령은 자본주의 체제에 지속적으로 위협과 공포로 작용하고 있다. 살아있는 공산주의—현실 사회주의 국가들 혹은 마르크스주의자들—보다도 어쩌면 이 유령들의 존재가 자본주의자들을 더 공포에 떨게 만들었을지도 모르고, 그래서 자본주의자들은 이 유령을 제거하기 위해 수단과 방법을 가리지 않았다. 그러나 그 수단과 방법을 가리지 않은 노력이 그리 성공적인 결과를 얻은 것 같지는 않다. 유령은 언제나 실물의 모순과 결핍이 만들어낸 환영이며, 그리하여 모순과 결핍이 사라지지 않는 한 유령은 언제나 현실의 허공을 배회한다. 공산주의라는 유령은 자본주의의 모순 그 자체가 만들어 낸 산물로서 자본주의가 지속되는 한 이 유령은 자본주의의 등 뒤에서 불안과 공포의 그림자를 거두지 않을 것이다. 아니 전지구적 자본주의가 확대, 심화되는 글로벌 시대에 이 유령의 위용은 더욱 강화될 것이라

● 데리다는 자본주의적 국제분업을 극복하기 위해 마르크스를 다시 불러낸다.

고 보는 것이 정확할 것인데, 전지구적 자본주의회는 자본주의의 모순이 양적, 질적으로 심화, 중첩되는 것을 의미하기 때문이다. 자본주의의 모순이 심화, 중첩되면 될수록 유령은 유령을 낳고 다시 다양한 변종을 생산한다. 슈퍼바이러스처럼 확산된 이 다양한 변종 중 하나가 데리다라는 이름의 유령이다. 마르크스가 공산주의라는 유령을 불러냈다면, 데리다는 다시 마르크스의 유령을 불러냄으로써 자신도 유령이 되었다. 데리다가 정확히 지적하듯이, 따라서 유령은 '유령들'이다.

데리다는 마르크스주의가 쇄락한 90년대에 와서 왜 지금 다시 마르크스라는 유령을 불러내고 있는가? '마르크스주의는 어디로?(Whither Marxism?)' 데리다에게 이것은 40여 년 동안 즉 1950년대부터 지속된 경험이자 문제의식이었다. "현실의 "마르크스주의"나 "공산주의"에 대립했던 사람들, 하지만 적어도 보수적이거나 반동적인 동기에서, 심지어 중도 우파나 공화주의적 입장에서 그것들에 대립하려고 하지는 않았던 사람들"에게 ""역사의 종말", "마르크스주의의 종말", "철학의 종말", "인간의 종말들/목적들", "최후의 인간" 등과 같은 종말론적 주제들은 이미 40여 년 전인 1950년대에 우리의 일용양식"(데리다, 2007 : 44)이었다. 적어도 데리다에게 이러한 철학적 종말론은 "동유럽의 모든 나라에서 있었던 전체주의적 테러, 소비에트 관료제가 낳은 모든 사회경제적 재난, 과거의 스탈린주의 및 당시 진행되고 있던 신스탈린주의에 관해 우리가 알고 있었던 것, 또는 우리들 중 어떤 이들이 오랫동안 인정하지 않았던"(데리다, 2007 : 44) 역사적 사건들과 불가분의 관계에 있으며, 이러한 복합적인 역사적 상황에 대한 이해 없이 해체론에 대한 이해는 불가능하다.

러시아에서 발발했던 볼셰비키 혁명은 서구의 진보적 지식인들을 열광하게 만들었다. 서구 자본주의의 계급적 착취와 제국주의적 팽창 정책, 파시즘으로 변질되어 버린 국가적 지배에 비판적이던 서구의 지식인들은 계급평등과 인간해방의 이상이 저 멀리 러시아에서 현실화되었다는 사실에 열렬한 지지를 표하게 된다. 그러나 소비에트정권은 동유럽 국가들을 강제로 복속시키고 다양한 민족들을 일방적으로 통폐합시키는 등 제국주의의 팽창과 구분하기 힘든 힘의 논리를 행사하게 된다. 소비에트식 계획경제는 비효율적이었으며 주변국을 경제적으로 복속시킴으로써 다함께 지속적인 가난을 경험하게 된다. 게다가 소비에트정권은 1939년 제2차 세계대전의 계기가 된 독소불가침조약을 맺고 폴란드를 동서로 분할하고 이만명이 넘는 폴란드인을 학살하는 등 도덕적으로도 지탄의 대상이 된다. 1956년에는 민주적 열망이 표출된 헝가리의 반소비에트 시위대를 군대를 동원해 진압함으로써 사회주의에 대한 환멸과 마르크스주의에 대한 절망을 재촉했다. 데리다가 말한 종말론의 시대적 배경은 바로 이와 같은 암울한 역사적 사건들에 기반한다. 즉 서구의 제국주의적 자본주의가 보여주는 비인간적인 모습과 대안적 희망으로 여겼던 사회주의에 대한 배신감, 그 사이에서 서구 지식인들은 새로운 전망과 가능성을 어느 곳에서도 찾을 수 없었으며, 이와 같은 절망과 회의를 배경으로 각종 종말론은 창궐하게 된다.

데리다 스스로도 밝히고 있듯이 자신의 '해체론'(deconstruction)은 이러한 종말론적 시대배경과 함께 이해해야 한다. 그의 해체론은 간단히 요약하자면, 서구 관념론 이론들에 내재해 있는 논리의 허구성과 자기모순을 그 논리 내부에서 해체하는 작업을 의미한다. 이 때 해체는 단순히 파괴적인 해체(destruction)를 의미하는 것이 아니라, '해체와 동시에 새로운 것을 구축하는 것'(destruction+construction)을 포함한다. 그렇다면 무엇이 해체되고 무엇이 구축되는가? 데리다는 서구의 관념론 담론이 보편적이고 일반적인 것처럼 보이는 외형과는 달리 일관되게 배제와 억압의 논리를 통해서 작동하고 있다고 비판한다.

예를 들어 서구 관념론은 다양한 개념들과 이미지들을 선/악, 해/달, 낮/밤, 남/녀, 백/흑, 이성/감성, 말/글 등의 편리한 이분법으로 구분한 뒤, 대립 쌍의 뒤편에 해당하는 것들, 즉 '악', '달', '여', '흑', '감성', '글' 등을 부차적인 것으로 파악함으로써 앞선 원리들을 중요한 원리로 내세우게 된다. 이것을 '로고스중심주의'(logo-centrism)이라고 부르는데, 예를 들어 "여자는 감정의 동물이다."라는 말은 종종 이성적으로 사고해야 할 때조차도 여성은 감정이 앞서 일을 그르치게 된다는 뜻으로 사용되고, 그래서 여성은 남성보다 업무를 처리하거나 냉철한 판단이 필요할 때 남성보다 오류를 범하기 쉽다는 인식으로 이어진다. 한편 "진실이 백일하에 드러났다"라든가, "세상은 암흑천지이다."라는 말에서 알 수 있듯이 선, 진리, 진실과 관련되는 이미지는 흰색과, 악과 불안, 거짓은 검은색과 관련되어 있다. 이 뿌리깊은 이분법적 편견 속에서 제2원리에 속하는 것들은 언제나 억압되고, 제1원리들을 설명하고 지지하는 부차적인 역할 만을 하게 된다. 따라서 해체 작업은 두 차원의 전복을 통한 제2원리의 우월함을 강조하는 것이 아니라, 제1원리와 제2원리의 구분을 없애는 것이 된다.

　데리다의 해체론은 언어에 관한 그의 독특한 이론에서 더욱 구체화된다. 그에 따르면, 언어는 인간의 의사소통에서 최고의 수단으로 여겨지기는 하지만, 이 또한 투명하고 명징한 매체는 아니다. 언어라는 기호(sign)는 언어로 표시된 것(signifier, 기표)과 그것이 불러일으키는 이미지, 즉 그 표시된 것을 보았거나 들었을 때 머리 속에서 그려지는 것 혹은 그것이 뜻하는 것(signified, 기의) 사이에 필연적으로 간극이 존재한다. 예를 들어 '찻잔'이라는 말을 들었을 때, 우리가 떠올리는 이미지는 각기 다를 것이다. 커다란 머그잔을 떠올리는 사람이 있는 반면에 컵받침이 있는 작고 예쁜 잔을 그려보는 사람도 있을 것이다. 이처럼 기표와 기의 사이의 간극은, 우리가 의사소통에 있어 얼마나 많은 오해와 착오를 낳게 되는지를 잘 설명해 준다. 아니 더 나아가 완벽한 의사소통이란 애당초 불가능하다는 결론이 도출된다.

　데리다의 해체론을 여기서 자세히 살펴볼 수는 없지만, 해체 전략은 서구 관념론의 내적 모순을 지적함으로써 그 이론적 기반을 허물어뜨리는 것과 언어의 투명성에 의문을 제기함으로써 표현된 의도와 표현하려는 의도 사이의 단절과 간극, 의사소통의 불능성을 제기하는 것으로 크게 요약될 수 있다. 이러한 해체 전략은 새로운 해방적 담론은 아직 약속되지 않았으며, (동서 양진영의) 지배 권력의 지배담론은 여전히 절대적 권위를 행사하는 종말론적 분위기를 잘 반영하고 있다.

지배 질서 대신에 언어를 비틀고 전복함으로써 지배 질서의 권위를 해체하려는 해체 전략은 종종 '언어 속 혁명'에 그친다는 비판을 받기도 하지만, 종말론적 분위기 속에서 지배담론의 권위를 조롱하고 비판함으로써 지배 질서에 흠집을 내려는 대안적 실천으로 평가할 수도 있을 것이다.

종말론이 이미 40년 전의 일용양식이었다는 언급을 통해 데리다는 90년대에 와서 다시 각종 종말론을 떠들어대는 매체들의 시대착오와 뻔뻔함에 개입하는데, 그 개입의 목적은 진행 중인 '체계의 질서로부터의 단절과 재구조화'이다. 그가 보기에 오늘날 마르크스의 저작은 그 어느 것보다 더 긴요하다. 왜냐하면, 새로운 지식과 기술 및 사회적, 정치적 환경의 변화에 따라 자신의 테제를 전환시키는 유연성, 그리고 체계의 질서 자체를 변화시키려는 지속적인 관심 면에서 마르크스를 능가하는 현대의 이론가는 없기 때문이다. 마르크스는 여전히 과거의 이론가가 아니라 현재의 이론가이며 산적한 현대의 문제들을 사유하기 위해서 마르크스는 몇 번이고 다시 불러내어야 할 유령이다. 그러므로 단지 학술적 호기심과 지적 욕구의 충족을 위해 마르크스를 연구하는 것은 마르크스를 마르크스주의와 대립시키는 탈정치적 중립화의 오류이다. 이러한 경향은 마르크스주의를 탈정치화하고 반역성을 무화시킴으로써 그 잠재적인 힘을 잃게 만들기 때문이다. 마르크스주의를 이론주의적으로 중립화하거나, 철학적, 문헌학적으로 접근하는 학문적 태도는 그에게서 정치적 의의를 빼앗는 것이며, 이는 마르크스주의의 요체를 부정하는 것이다.

데리다는 정치, 경제적 영역에서 뿐 아니라 지식과 학술 영역 및 기술과 매체 영역이 상호 긴밀하게 결합하여 지배적인 헤게모니를 공고히 하고 있다고 지적한다. 그에 따르면 "정치, 경제적 헤게모니는 지적이거나 담론적인 지배와 마찬가지로 이전에는 결코 경험하지 못했던 정도와 형태에 따라 기술 매체적인 권력, 곧—상이하고 모순적인 방식으로—모든 민주주의를 조건 지으면서도 동시에 위험에 빠뜨리는(conditioned and endangered) 권력을 경유한다."(데리다, 2007 : 121) 이와 같은 신성동맹은 마르크스의 유령을 푸닥거리하기 위해, 내쫓기 위해 결속력을 다지고, 유령의 유령성을 선언하며(유령은 유령일 뿐 실체가 아니다), 상호 보증을 통해 과거로 돌려보낸다. "오늘날 한 세기 반 가까이 지난 다음, 세계 도처의 수많은 사람들은 공산주의의 유령에 불안해하면서도 또한 이 유령은 육신없는, 현존하는 실재 없는, 현실성 없는, 현재성 없는, 이제는 과거의 것이 되어버렸다고 가정된 유령일 뿐이라고 믿어 의심치 않는 것으로 보인다. 오늘날 도처에서 한낱 유령에, 가상과 환상 또는 환영에 불과했다는 소리가 들린다. (…중략…) 여전히 불안감이 묻어 있는 안도의 한숨소리가 들린다. 장래에는 그것이 결코 다시 돌아오지 못하게 하자!"(데리다, 2007 : 93) 특정 집단이나 이념을 일방적으로 비판하고 주류담론에서 배제

시키는 '마녀사냥'은 민주주의가 어느 정도 완성된 사회에서
도 여전히 존재한다. 우리나라처럼 미디어가 직접적으로 지배
권력의 통제를 받아 통치의 도구로 전락해버린 후진국형 동
맹이나, '종북', '좌파', '빨갱이'란 용어가 곧장 상대에 대한
치명적인 공격이 되는 이념적 파시즘은 오히려 구시대적이다.
선진 사회일수록 정치, 지식, 기술 매체의 동맹은 교묘하고
새로운 방식으로 사회를 지배한다. 과학과 지식이 권력과 깊
은 유착관계에 있다는 것은 미셸 푸코를 통해서도 밝혀진 바
있지만, 여기에 덧붙여 이제 디지털 미디어 환경, 즉 인터넷
전자 정보 시대의 매체와 권력의 관계에 대해서도 성찰이 필
요한 시대가 된 것이다.

마르크스의 유령들을 되불러내는 것은 따라서 지배적인 권
력의 공고한 동맹에 맞서, 그 동맹이 은폐하고 있는 권력관계
를 폭로하고, 이를 가능하게 하기 위한 새로운 정신적 자양분
을 얻기 위해서이다. 하지만 이러한 작업은 마르크스주의의
긍정적인 유산을 상속하는 것이면서 동시에 마르크스주의에
대한 해체 작업을 통해 마르크스를 동시대의 효과적인 이론
으로 전화시킬 수 있을 때 가능하다. 그렇다면 데리다에게 있
어 마르크스주의에서 가장 "생생하게 살아있는" 것은 무엇이
고, 그의 해체는 마르크스주의를 어떻게 변화시킨 것일까.

마르크스주의와 유령(들)

　푸닥거리를 통해 마르크스라는 유령을 불러내는 것을 불안해하고 이를 결사반대하며 저지하려는 신성동맹가들은 자유－민주주의 체제를 위협한다는 미명 하에 새로운 결속을 보여준다. 데리다가 보기에는 이러한 동맹가들이 오히려 진정한 민주주의에 위협적인 존재들이다. 그들은 현상태의 지배관계를 공고히 하려는 목적 외에는 다른 것에 관심이 없는 자들이기 때문이다. 그러나 데리다가 현대 사회에 다시 불러내고자 하는 마르크스는 기존에 우리가 알고 있던 그 마르크스가 아니다. 마르크스주의를 해체하는 데리다의 작업은 스스로를 정통 마르크스주의자라고 여기는 사람들 또한 불편하게 만든다.

　해체 작업은 필연적이며 자연스럽고 당연하다고 여겨지는 대상 및 사유 방식을 문제삼아 이를 비틀고 전복시킨다. 다음과 같은 데리다의 언급은 분명 못마땅하게 들릴 것이다. "서로 헤게모니를 다투는 세력들을 규정하기 위해 자주 사용되곤 했던 사회 계급이라는 개념, 심지어 국가라는 개념을 반드시 인정하지 않고서도, 예컨대 지배적인 담론 또는 지배적인 표상들 및 관념들에 대해 말할 수 있으며, 위계화된 갈등의 장에 준거할 수 있다."(데리다, 2007 : 124) 요컨대, 많은 마르크스주의자들은 동의하지 않겠지만, 마르크스주의에 있어서 핵심적인 용어라고 할 수 있는 '계급' 혹은 '국가'를 빼놓고 사회

구성체에 대해 논의하자는 것이다. 이에 대한 데리다의 설명을 더 들어보자.

> 마르크스주의는 여전히 필수적이지만, 이는 우리가 마르크스주의를 새로운 조건들 및 이데올로기에 대한 다른 사고에 맞춘다는 것을 조건으로 하며, 기술 경제적 인과성과 종교적 환영들 사이의 새로운 접합과, 사회경제적 권력 내지 국가—그 자체 역시 결코 자본으로부터 완전히 독립적이지 않은(하지만 결코 자본 그 자체, 자본주의 그 자체란 더 이상 존재하지 않고, 존재했던 적도 없으며, 단지 국가적이거나 사적인, 현실적이거나 상징적인, 하지만 항상 유령적인 힘들과 연결되어 있는 자본주의들만이 존재할 뿐이다. 또는 오히려 환원 불가능한 적대들로 얼룩진 자본화들만이 존재할 뿐이다)—를 위해 법적인 것이 종속되는 양상을 분석할 수 있도록 마르크스주의를 적응시키는 것을 조건으로 한다. 마르크스주의의 이러한 전환, 이러한 개방은 우리가 조금 전에 마르크스주의의 정신이라고 불렀던 것과 합치한다.
>
> (데리다, 2007 : 129~130)

앞서 언급했듯이 데리다의 입장에서 마르크스주의의 생생하게 살아있는 정신이란 새로운 사회적 환경에 맞게 스스로를 변화시킬 수 있는 '전환'의 능력이자 '개방성'이다. 마르크스주의는 마르크스가 자본의 생산과 유통 및 가치에 대해서 고민하던, 그리고 혁명과 그 주체로서 노동자 계급을 긍정하던 당시의 사회적, 역사적 환경과는 질적으로 다른 조건들 속에 위치해 있다. 이 새로워진 조건에 열려있는 개방성과 이를 통해 스스로를 변화시킬 수 있는 전환 능력이 마르크스주의를 현재에도 여전히 필수적인 것으로 만들 수 있겠지만, 현재의 마르크스주의 진영이 이러한 작업을 충실히 수행해 내고 있는 것 같지는 않다. 그리고 데리다가 볼 때, 그 원인 중 하나가 바로 '계급' 중심적인 편향성 때문인 것이다. 데리다는 새로운 조건들에 대한 인식을 통해 계급, 국가, 이데올로기, 종교 및 기술 등에 대해 새로운 입장을 취하기를 종용한다.

자본주의가 자신의 실패와 위협을 은폐함으로써 외면하려 하는 마르크스주의의 비판적 정신이란 데리다가 볼 때, "존재론, 철학 또는 형이상학 체계로서, "변증법적 유물론"으로서의 마르크스주의 및 역사유물론으로서 또는 방법으로서의 마르크스주의와, 또 당의 장치들과 국가장치들로 또는 노동자 인터내셔널로 합체된 마르크스주의와는 구별"(데리다, 2007 : 146) 되는 것이다. 자기 완결적 이론 체계로서 변증법적 유물론 혹은 이러한 철학적 이론에 입각한 역사에 대한 이론인 역사유물론은 데리다가 보기에 또 다른 형이상학적인 이론일 뿐이다. 마르크스주의 내의 이러한 형이상학적 초월적 역사성을 비판하기 위해 알튀세르처럼 반역사주의를 주장하는 것도 데리다가 보기에는 올바른 개입이 아니다(개입 자체는 정당한 것이었다 하더라도). 마르크스주의의 이와 같은 닫힌 존재론과 형이상학적 역사주의는 이론의 역사성을 폐쇄하고 중립화하고, 궁극적으로는 소멸시킨다. 이에 대해 데리다는 또 다른 역사성을 사고하기를 제안하는데, "이는 새로운 역사나 더욱이 "새로운 역사주의"를 사고하기 위해서가 아니라, 메시아적이고 해방적인 약속을—존재신학적이거나 목적론—종말론적인 프로그램 내지 기획이 아니라—약속으로서 긍정하는 사고에 포기하지 않고 접근할 수 있게 해 주는 역사성으로서 사건성의 또 다른 개방을 사고하기 위해서였다. 왜냐하면 해방의 욕망을 포기하기는커녕 그 어느 때보다 더 이러한 욕망을 고수해야, 더욱이 "해야 함"의 해체 불가능한 것 자체로서 고수해야 하는 것처럼 보이기 때문이다. 바로 여기에 재-정치화(re-politicization)의 조건, 아마도 정치적인 것의 다른 개념의 조건이 존재할 것이다."(데리다, 2007 : 157~8) 다시 한번 강조하자면, 모든 이론은 자신이 탄생하게 되는 역사적 배경을 가지고 있다. 이 역사적 배경을 무시한 채, 사회분석이나 미래에 대한 전망에 있어서 자신의 이론이 시대를 초월하여 타당한 설명을 제공할 수 있다고 생각해서는 안된다. '이론의 역사성'에 대한 인정, 혹은 열린 자세는 바로 이와 같은 시간과 공간 안에서 자신의 이론을 성찰하는 자세를 말한다. 그러나 공식적 마르크스주의는 사회와 역사에 대한 몇 가지 개념들로 체계화 한 변증법적 유물론을 마치 강령처럼 떠받든 경향이 있다. 이러한 경향은 현실 사회주의 국가에서 특히 두드러졌는데, 이는 권력을 잡은 공산당의 자신감과 우월감이 반영된 것처럼 보인다(80년대 필독서였던 소련과학아카데미에서 출간된 책들은 이러한 사실을 아주 잘 보여주고 있다). 이에 덧붙여 데리다는 새로운 해방에 대해 긍정적으로 사고하고 재정치화할 수 있는 조건들에 천착하기를 요구하는데, 그러므로 현실 사회주의 국가들의 몰락이 더 이상 해방에 대한 욕망을 포기하는 구실이 되어서는 안된다고 말한다.

메시아적이고 해방적인 약속을 약속으로서 긍정하는 사고는 역사의 필연적 발전은 그 자체의 목적론적 과정을 지니고 있다는 존재신학적 목적론과는 다르다. 이것은 해방에 대한 욕망을 간직한 채 역사적으로 새로운 사건과 조건에 대해 열려있는 사고이자 이를 재정치화의 조건으로 수용하는 현실주의적인 태도를 의미한다. 그러므로 마르크스주의는 기존의 체계적인 자신의 방법론과 기본 개념들로 구체적인 역사에 접합할 수 있어야 한다. 탈역사적이고 무차별적인 '목적론적'인 적용과 마르크스주의가 결별해야 하는 이유는 여기에 있다.

> [마르크스주의는] 포기해서는 안 되는 계몽의 어떤 정
> 신을 상속하고 있다. 우리는 이러한 정신을 마르크스의
> 다른 정신들로부터, 곧 마르크스주의를 마르크스주의의

교의에, 이른바 체계적이고 형이상학적인, 또는 존재론적 총체성에(특히 "변증법적 방법"이나 "유물 변증법"에), 노동과 생산양식, 사회계급이라는 마르크스주의의 기본 개념들에, 따라서 그 장치들(노동자 운동 인터내셔널, 프롤레타리아 독재, 유일당, 국가, 마지막으로 전체주의적 괴물 등과 같은 투사된 장치들이나 현실적인 장치들)의 전체 역사에 고정시키는 것들로부터 구분할 것이다. 왜냐하면 마르크스주의 존재론에 대한 해체는 단지 마르크스주의 몸체의 이론적으로 사변적인 층위만이 아니라, 이를 세계 노동자 운동의 장치들 및 전략들의 가장 구체적인 역사와 접합하는 모든 것을 겨냥하고 있기 때문이다.

(데리다, 2007 : 179)

'의식'에 대한 '사회적 존재'의 우위를 강조하는 마르크스주의가 변화된 현실을 자신의 이론 속에 반영하지 못한 채, 자신의 방법론적 교의를 초역사적으로 간직한다면 그것은 이율배반적이다. 데리다는 유물 변증법과 계급, 노동자 인터내셔널, 당, 국가 등 마르크스주의에 고유한 개념들을 쇄신하거나 포기함으로써 이를 통해 "세계 노동자 운동의 장치들 및 전략들의 가장 구체적인 역사와 접합"할 것을 요구한다. 마르크스주의의 쇄신은 ① 고유하게 지켜 온 비판적 태도, 그리고 ② 새로운 시대와의 접합을 향한 열린 자세라는 두 거점을 통해 가능하게 된다. "만약 내가 결코 포기하지 않을 마르크스주의의 어떤 정신이 존재한다면, 그것은 단지 비판적 이념이나 질문하기의 자세인 것만은 아니다. 그것은 오히려, 우리가 일체의 교리들이나 심지어 일체의 형이상학적·종교적인 규정, 일체의 메시아주의로부터 해방시키려고 시도할 수 있는 어떤 해방적이고 메시아적인 긍정, 약속에 대한 어떤 경험이다. 그리고 어떤 약속은 지켜진다는 것을 약속해야 한다. 곧 "정신적"이거나 "추상적"인 것으로 남는 것이 아니라, 사건들과 새로운 형태의 활동, 실천, 조직 등을 생산해 낼 것을 약속해야 한다. "당형태"나 이러저러한 국가 형태 내지 인터내셔널의 형태와 단절한다고 해서 모든 실천적이거나 현실적인 조직 형태를 포기한다는 뜻은 아니다. 여기서 우리에게 중요한 것은 정확히 정반대의 것이다."(데리다, 2007 : 180) 이제 마르크스주의의 세 번째 장점이 소개된다. 그것은 ③ '해방에 대한 긍정', '해방에 대한 약속', '약속은 지켜진다는 것을 약속할 수 있는 경험' 등이다. 여기에 덧붙여 이러한 약속을 지키기 위해서는 개인적인 각성과 노력만으로는 불가능하며, 정치 세력화할 수 있는 조직적 실천을 통해서만 그와 같은 약속의 실현이 가능하다는 것을 마르크스주의는 경험적으로 알고 있다는 점이다. 간단히 말해 데리다는 해방에 대한 긍정적인 마인드를 가지고 새로운 조직을 만들자는 요구를 하는 것이다. 새로운 형태의 활동, 실천, 조직 등을 생산하기 위해서는 필요하다면 기존 형태의 운동 노선들, 즉 전위당, 국가 단위의

조직과 운동, 노동자 중심의 인터내셔널 등과 단절해야 한다
는 것이 데리다의 '새로운 접합'과 관련된 주장인 것이다. 마
르크스주의 정신은 새로운 실천과 조직을 통해 비판적 자세
와 해방에 대한 긍정을 약속할 수 있어야 하며, 약속 이행에
대해서 약속할 수 있어야 한다.

새로운 실천에 대한 긍정과 희망. 데리다에게 있어 해체가
중지되는, 더 이상 해체되지 않는 지점이 바로 이곳이며, 이
것이야말로 그가 '정의(justice)'라고 부르는 사유 방식이다. 자
본주의자들이 마르크스의 유령들을 부단히 과거로 되돌려 보
내려 하는데 반해, 미래에 열려 있는 경험과 조우하는 것, 그
것을 위한 희망어린 기다림과 약속을 기획하는 것, 마르크스
의 유령들은 이러한 방식으로 끝없이 현재에 개입한다. "마르
크스주의의 어떤 정신에 대한 이러한 충실성의 태도는 원리
상 누구에게나 부과되는 하나의 책임이다. 공동체라는 이름을
붙이기 힘든 새로운 인터내셔널(New International)은 단지 익명
성에만 속할 뿐이다."(데리다, 2007 : 181) 데리다가 제안하는 '새
로운 인터내셔널'은 특정 공동체(노동자 계급 혹은 마르크스주의자
들)에 특권적으로 부여되는 것이 아니라 민주주의와 해방의
이상을 포기하지 않고 다양한 형태로 형이상학적인 헤게모니
에 저항하면서 새로운 계몽을 기획하고 다른 식으로 사고하
고 작동시키려고 했던 사람들에게 부과된다. 최근 주변에서
경험할 수 있는 새로운 사회운동의 방식은 데리다의 '새로운

● 2008년 촛불집회를 통해 우리는 시위와 집회의 새로운 양식을 경험하게 된다. 촛불소녀, 유모차 부대, 넥타이부대 등 다양한 계층과 집단의 시민들이 연대와 소통의 새로운 장을 열었다.

인터내셔널'의 기획이 가진 유효성을 확인할 수 있게 한다. 2008년, 우리 사회를 뜨겁게 달구었던 광우병 쇠고기 수입에 반대하는 촛불집회에서 우리는 새로운 양식의 시위와 집회의 방식을 경험했다. 노동자, 농민, 대학생의 이름으로 결성된 단체들이 집단적으로 모여 그들의 깃발과 구호를 앞세웠던 과거의 시위와 달리 촛불집회에서는 다양한 계급, 집단의 시민들(촛불소녀, 넥타이 부대, 유모차 부대, 하이힐 부대 등)이 각자의 방식과 각자의 공감을 바탕으로 자유로운 연대를 실현했다. 한진중공업 사태로 고공 크레인 위에서 농성중인 김진숙 씨를 응원하기 위한 희망버스에는 작가, 음악인, 주부, 학생들이 해고 노동자나 시민운동가들과 함께 탑승했고 그들의 즐겁고 유쾌한 비판과 저항은 지금도 계속되고 있다. 통일된 구호도 없고 단체의 깃발 아래 모인 것도 아니지만, 새로운 민주주의, 공공의 정의와 양심을 향한 열망은 어느 때보다도 뜨겁다.

데리다에 따르면 마르크스주의는 다양한 방식으로 진행된 해체 작업들 속에 살아있는 정신으로 작동하고 있으며, 민주주의와 해방의 이상을 위한 새로운 계몽의 기획과 조우하기 위해 기꺼이 해체의 대상이 되어야 한다. 이를 통해 마르크스주의는 혁명과 해방을 약속하고, 새로운 (국제적인) 민주주의적 인터내셔널을 위한 새로운 실천으로 나아가야 한다. 그렇게 하기 위해서 마르크스주의는 자신만의 무기라고 여기는 것들을 내려놓아야 하는데, 정통 마르크스주의자들에게 이것은 무장해제를 의미하는 것으로 여겨질 수도 있을 것 같다.

데리다라는 유령(들)

데리다의 『마르크스의 유령들』은 마르크스주의 진영에 상당한 반향을 불러 일으켰다. 후기 데리다의 저작들과 맥이 닿아있는 이 저작은 그간 상호 적대적이거나 불편한 관계로 여겨졌던 해체론과 마르크스주의를 직접적으로 연결시키고 있다는 사실만으로도 큰 관심을 모았다. 이글턴, 제임슨, 마셔레이, 네그리, 아마드 등 비교적 알려진 마르크스주의자들이 이 저작에 관심을 보였으며, 자신의 저작에 대한 이들의 논평에 데리다가 반론을 제기함으로써 결과적으로 마르크스주의와 민주주의에 대한 관심과 논의가 증폭되는 효과를 낳았다.[1]

특히 흥미로운 것은 해체 작업을 마르크스주의의 전통 속에 위치지우는 데리다의 파격적인 고백이었다. "해체라고 불리는 것이 지난 수십 년의 기간을 거치면서 애초에 지니고 있던 모습에서 나타난 몇 가지 특징, 곧 고유성의 형이상학, 로고스 중심주의, 언어 중심주의, 음성 중심주의에 대한 해체, 언어의 자율적 헤게모니에 대한 탈신비화 내지 탈침적화에 한정해보기로 하자. 이러한 해체는 전마르크스주의적 공간에서는 불가능하고 사고 불가능했을 것이다. 해체는, 적어도 내가 보기에는 어떤 마르크스주의, 어떤 마르크스주의의 정신의 심화로서만 의미를 지니고 흥미를 지닐 수 있으며, 다시 말해 또한 해체는 어떤 마르크스주의의 전통 속에서만, 어떤 마르크스주의의 정신 속에서만 의미를 지니고 흥미를 지닐 수 있다."(데리다, 2007 : 184~5) '해체를 마르크스주의 정신의 심화'라고 선언함으로써 해체를 마르크스주의 안으로 끌어들인 뒤,

---

[1] 데리다의 『마르크스의 유령들』에 대한 마르크스주의자들의 논평들은 *Ghostly Demarcations* 라는 책으로 출간되었으며, 데리다의 재반론은 *Marx & Sons* 라는 단행본으로 출간되었다. 국내에서는 네그리, 마셔레이, 아마드 등의 글과 데리다의 「마르크스와 아들들」을 묶어 『마르크스주의와 해체』라는 이름으로 번역 출간되었다.

마르크스주의를 해체의 대상으로 만들어버리는 해체론의 전형적인 작업 방식이 예외없이 작동한 것이다. 이러한 마르크스에 대한 '비판적 상속'은 데리다가 스스로 인정하고 네그리가 정확하게 지적하듯이 "첫째 언어에 대한 탈신비화이며, 그 다음에는 언어를 통해서 그리고 언어 배후에서 이루어지는, 자본주의에 내장된 "고유성의 형이상학" 및 국가의 "로고스 중심주의"에 대한 탈신비화"(네그리, 29)를 목표로 하고 있다. 마셔레이의 언급처럼 문제가 되는 것은 "정확한 의미에서의 유산"을 따져보는 일일 것이다.

먼저 아마드는 데리다가 서구 중심주의와 자본주의 자체에 대해 반성적인 통찰력을 보여주고 있으며, "신자유주의적인 승자들과 동일화하지 않으려는 거부의 몸짓, 자신의 저항적인 자세를 포기하지 않으려는 거부의 몸짓, 우파의 승리감을 꿋꿋이 견뎌내려는 의지에 대한 긍정, 심지어 과거 그 어느 때보다 더 어려운 유럽사의 한 시기에 마르크스주의와 동일화하려는 용기"(아마드, 113)를 지니고 있다고 평가한다. 그러나 데리다는 현실 사회주의 국가와 공산주의 정당을 마르크스와 대립적인 것으로 파악하면서 동시에 이를 동일화하는 모순을 범하고 있다고 아마드는 비판한다. 이러한 모순은 마르크스주의에는 가혹하고 해체론에는 관대한 데리다의 이중성에 기인한다. 아마드가 볼 때, 마르크스주의와 전통적으로 불가분의 관계에 있는 정당, 계급, 이데올로기 등의 개념을 폐기할 때에만 마르크스주의의 재전유가 가능하다는 데리다의 주장은 "일단 너부터 무기를 버려라" 라고 말하는 꼴이다. 한편 해체론의 역사와 다양한 갈래에 대한 반성없이 해체를 마르크스주의의 계승자로 자처하는 것은 "집나간 탕아가 부모의 유산에 대한 권리를 주장하는 꼴"이다. 결과적으로 데리다가 주장하는 새로운 인터내셔널은 너무 평범하거나 너무 추상적인 것으로 마무리되고 만다고 아마드는 비판한다.

이글턴 또한 데리다가 실제 역사적이고 이론적인 마르크스주의 선언들에 무관심한 결과 공허한 초월적인 이론이 되었으며, 그 결과 그의 새로운 인터내셔널은 "조직, 존재론, 방법, 장치가 없는 궁극적으로는 탈구조주의적인 환상"(이글턴, 87)이라고 비판한다. 루이스(Tom Lewis)는 좀더 강한 어조로 데리다를 비판하는데, 그가 보기에 사회주의 혁명을 가로막는 것은 마르크스주의의 형이상학적 한계가 아니며, 민주적인 사회주의 사회를 만들기 위한 국제적 투쟁에 필요한 것은 "데리다의 유령학(hauntology)이 아니라 고전적인 마르크스주의와 그 혁명적 전통"(루이스, 161)이라고 주장한다.

이처럼 마르크스주의 이론가들은 대체로 자본주의가 전지구적으로 맹위를 떨치고 있는 위기 국면에 대한 인식과 마르크스의 현재적 유용성과 재전유의 필요성에 대한 문제제기 등에 있어서는 데리다와 입장을 같이 하고 있지만, 전통적인 마르크스주의의 패러다임을 문제 삼는 부분에 대해서는 여전히 비판적이며, 결과적으로 데리다가 주장하는 새로운 인터내셔널에 대해서 회의적인 입장을 고수하고 있다. 이에 반해 네그리는 데리다에 대해 상대적으로 우호적인 시각에서 비판적 지지를 표하고 있는데, 여기서는 비교적 가장 명료하고 균형 있는 시각을 보여준 네그리의 글과 이에 대한 데리다의 반론을 상세히 고찰해 보자.

데리다의 유령적 비유를 따라 네그리는 자본주의에 작동하는 유령들을 분류해낸다. 그 유령들이란 가치, 화폐 그리고 기술의 층위에서 작동하는 자본주의의 일반적인 생산 법칙을 설명하는 것으로, 자본의 허구적 자율성을 은폐하고 시장 질서를 필연적인 것으로 이해하도록 만든다.

『자본』에서 서술된 유령들은 특별한 존재론적 관여성을 지니고 있다. 곧 그것들은 가치 법칙의 전체적인 기능 방식을 드러내준다. 유령은 물질화되어 있고 강력해지는 어떤 추상의 운동이다. … 따라서 마르크스가 『자본』에서 서술한 자본주의 생산의 현상학은 어떻게 이러한 유령적인 운동을 통해 자본의 힘의 자율성과 더불어 참되고 고유한 자본의 형이상학이 생산되는지 증명한다. 하지만 이러한 현상학은 유령적인 형식에 따라 전개되고 자본을 자율화하기 때문에, 마르크스에 따르면, 자본의 전개 과정의 현실적인 발생을 은폐한다. 자본의 허구적인 자율성 및 그 부수적인 해석 범주들을 분쇄하고 시장의 정치경

제(학)의 필연적인 질서를 탈신비화하기 위해서는, 마르
크스에 따를 경우, 생산과 교환의 양식을 해명해야 하고,
생산과 교환에서 노동자의 노동이 차지하는 중심적인 지
위가 완강하게 곡해되는 날조 방식을 분석해야 하며, 이
를 통해 가치의 기능법칙과 단절하고 사회와 생명의 생
산적인 동역학을 자유로운 토대 위에서 재구성해야 한다.

(네그리, 30~31)

네그리는 자본주의 생산 양식과 자본의 전개 방식이 은폐
하고 은닉하는 모순과 곡해 현상을 유령적인 것으로 보고, 이
유령적 마법화를 탈신비화하여 생산과 교환의 양식을 해명하
고 가치 창조의 메커니즘을 파악해야 한다고 주장한다. 가치
의 교환을 통한 잉여가치의 창출과 독점 양식을 이해하고 가
치 창조에 있어서 노동자 계급의 역할을 인식하여 자본주의
사회가 은폐, 왜곡하는 불평등과 착취의 고리를 끊을 수 있는
것은 전통적인 마르크스주의자들이 볼 때, 노동자 계급이 될
것이다. 노동자 계급이 주축이 된 혁명을 통한 사회주의 국가
를 건설함으로써만 자본주의의 유령들은 축출될 수 있으며,
공산주의의 유령은 현재화, 현실화된다고 마르크스는 파악했
다. '자본주의는 어디로?' 혹은 '공산주의는 어디로?'라는 질
문에 대하여 "150여 년 전에 이 답변은 유령들을 몰아내버리
고, 그리하여 산업 노동자 계급의 반역을 통해 생산된 부를

재전유함으로써, 결국 생산적인 실천과 더불어 주체적인 실천, 인간적인 실천을 개혁하려는 데 있었다.”(네그리, 32)

그러나 네그리가 볼 때, 마르크스로부터 150년이 지난 현재는 생산관계와 노동 패러다임의 변화로 새로운 실천 양식을 요구하게 되었다. 국제적인 자본주의 분업체제로 변모한 생산관계 및 포스트모던이라 명명되는 물질적 노동과 비물질적 노동이 구분되지 않는 디지털 정보화 시대의 변화된 노동 패러다임은 가치와 주체의 문제에 있어서 인식적 패러다임의 극적인 전환을 요청한다. 이러한 시대적 조건 하에서 해체론적인 해석학이 생산한 것은 바로 ‘윤리적 저항’이다.

마르크스주의에 대한 푸닥거리 모의 및 자유 시장에 대한 복음의 범세계화, “시간도 없고” “장소도 없는” 전 지국적인 권력의 구성, “역사의 종말”의 구조화, 미디어에 의한 의식의 식민화, 작업의 질의 빈곤화/저하, “민주주의”라는 말의—개별 국가 안에서나 국제 관계에서나—유명무실화 등은 현실의 유령적인 재구성의 한 단계에서 볼 수 있는 자본주의의 몇몇 헤게모니 질서를 나타낼 뿐이다. 존재의 이러한 새로운 규정 속에서 어떻게 순환할 것인가? 이 결정적인 지점에서 해체는 삶과 죽음이라는 문제에 대한 근원적인 문제제기, 윤리와 공동체의 경험의 개방에 다시 준거한다. 이 결정적인 지점에서 윤리적 저항에 대한 담론이 모습을 드러내는데, 이 담론은 선물과

우정의 경험에 대해 숙고하고 메시아적인 정신에 대해
모종의 친화성을 느끼며 정의의 이념의 해체 불가능성을
재긍정한다.

(네그리, 36)

　‘윤리적 저항’과 ‘정의’에 대한 긍정에 열린 태도를 취하는
것은 그러나 네그리의 지적처럼 “어떻게 위압적인 유령의 지
배 앞에서 윤리적 저항이 현실적이게 될 수 있을까” 혹은 “도
덕적 저항의 수준을 넘어서 나아가는 것이 가능할까?”라는 또
다른 질문을 낳게 만든다. 이 문제에 대해 지적하면서 네그리
는 데리다에게 ‘착취’의 개념이 등장하지 않는다고 불평한다.
탈산업 자본주의 시대에도 여전히 온존하고 더욱 강력하게
작동하고 있는 잉여가치의 법칙과 착취의 메커니즘, “착취와
담론 세계는 서로 함께, 분리될 수 없게 인터넷을 여행하며
소통의 연결망을 통해 자신을 구성하면서 이러한 연결망 안
에 위계적이고 수탈적인 분할선을 고착시킨다.”(네그리, 39) 네
그리는 데리다가 계급모순을 사회의 기본모순으로 설정하는
마르크스주의의 존재론을 해체하고 그 어떤 존재론적 논의도
거부함으로써 이와 같은 착취의 메커니즘에 대항하고 이를
전복할 가능성을 전제할 수 없다고 주장한다. 네그리는 해체
작업이 자본주의적 생산의 새로운 조건에 대응하는 도주와
저항의 지점들을 정확하게 일러주기는 하지만, 존재론 일체를

거부함으로써 불충분한 실천 개념에 머물고 만다고 비판한다.[2] 그리하여 네그리는 그의 익숙한 결론을 통해 데리다의 해체 작업을 보완하려한다. "더 이상 자본주의 생산관계는 비참함 및 유적인 인간 본질에 대한 '전해체적인' 준거를 통해 규정되는 주체 위에서만 실행되는 것은 아니다. 반대로 이 새로운 무대 위에 등장하는 착취당하는 주체, 반드시 유령들을 다루어야 하는 주체는 오히려 유령적인 생산의 운동을 통과하고 그렇게 함으로써 지속적으로 자기 자신을 새롭게 재구성하게 되는 흐름으로, 유동체이자 신축적인 실재, 잡종의 역량으로 제시된다. 오늘날 착취 또는 오히려 자본주의 생산관계는 지성과 협동력에 집중되어 있는 노동하는 주체와 관계한다. 이는 새로운 패러다임으로서, 대부분 확고하게 착취되고 있지만 새롭고 상이한 권력이며, 노동하는 에너지의 새로운 견고함이고 협동 에너지의 축적이다. 이는 새로운―탈해체적인―존재론이다."(네그리, 42) 오늘날 변화된 노동환경은 지성과 협동력에 집중되어 있는 노동하는 주체, 즉 '집단지성'으로서의 다중에 대한 새로운 존재론을 필요로 한다. 착취의 대상이면서도 착취를 관통하여 스스로를 새롭게 재구성하는 능력을 지닌 이 새로운 주체에 대한 믿음과 기다림 없이는 데리

---

[2] 마셔레이 또한 마르크스주의에 대한 작위적인 통일성에 집착하지 말아야 한다는 데리다의 주장은 정당하지만, "사회 계급 없는 마르크스, 노동 착취 없는 마르크스, 잉여가치 없는 마르크스는 [데리다] 그 자신의 환영"(마셔레이, 69)이라고 비판하고 있다.

다의 희망과 약속 그리고 정의는 공허한 것이 된다.

네그리가 볼 때, 새롭게 부상하는 주체에 대한 존재론의 부재는 실천과의 접촉을 거부하는 것이 된다. 그의 탈해체적 존재론은 데리다의 해체적 마르크스주의에 대한 해체를 통해 마르크스주의에게 새로운 존재론을 돌려준다. 변한 것은 노동자 계급주체에서 집단지성 주체로 실천적 투쟁의 주체가 옮겨간 것이다. 네그리의 데리다에 대한 비판과 대안은 분명해 보인다.

> 자본주의와 공산주의는 새로운 유령의－그렇지만 현실적인－모습들로 이루어진, 또 새로운 운동들로 이루어진 지반 위에서 지속적으로 투쟁한다. 대중적인 지성의 새로운 사회적 힘과 결속된 마르크스주의의 급진적인 형태는 쇄신된 형태를 띤 자본의 규제와 비물질적 노동의 착취에 대해 구성적으로 대응할 수 있다. 다른 극단에서는 해체가 고독한 초월론적 지평들을 고집하고 있다. 실천과 접촉하지 않은 채, 정의를 규정하는 가능한 요인을 확인한 연후 도망치면서…
>
> (네그리, 47)

그러나 데리다의 입장에서는 집단지성과 결합된 마르크스주의라는 네그리의 주장은 과거로 되돌아가려는 위험을 자초하는 것이다. 자신의 저작에 대한 네그리의 독해에 전체적으로 동의하면서도 데리다는 이 새로운 존재론의 정초에는 반대의 뜻을 분명히 한다. "동의하오, 동의하오, 단 한 단어, "존재론"이라는 단어만 제외하면. 왜 선생은 이 단어에 집착하는 것이오? 왜 마르크스주의적인 존재론의 패러다임을 무효로 만든 변동을 인정한 이후 새로운 존재론을 제안하고 싶어 하는 것이오? 왜 모든 것을 무릅쓰고서라도 재존재화하려고 하고, 모든 것을 질서 속으로, 거대한 질서 속으로, 그러나 질서 속으로 다시 들여보낼 위험을 자초하는 것이오?"(데리다, 2009 : 234~5) 그렇다면 이때의 위험이란 무엇일까? 데리다의 설명을 좀더 들어보자. 그에 따르면, "정치적인 것을 존재론적인 것 (무엇보다도 국가/상태의 관점에서 파악된 현실성이나 현존성, 보편자의 개념, 그리고 당의 관점에서 파악된 세계시민적 시민권 및 인터내셔널의 개념)과 용접했던 것—우리의 근대성에서 이는 바람직한 결과를 낳기도 했지만, 특히 심각한 폐해를 낳았다—에서 벗어나 있는 어떤 정치적인 것의 차원을 향해 이러한 [마르크스의 어떤] 유산을 돌려놓는 일이 중요하다." (데리다, 2009 : 142) 정치적인 것과 존재론적인 것의 용접이 낳은 폐해, 즉 초역사적인 교리로서 법칙화되어 생동감있는 비판의식을 상실한 마르크스주의와 이에 기반한 현실 사회주의 국가의 파국, 마르크스주의 진영의 특권적 주도권 하에 억압된 다양한 해방을 위한 노력들. 이것이 바로 데리다가 밝히고 있는 위험들이다. 결국 그가 보기에 네그리는 "마르크스에서 가장 문제가 있는 것, 곧 모든 유령성을 푸닥거리하고, 환영의 가면 뒤에 존재하는 과정의 발생적인 현실, 충만하고 실제적인 현실을 재발견하려고 하는, 고전적이고 전통적인 과도한 욕망에 굴복하고 만다."(데리다, 2009 : 236)

데리다와 네그리는 알튀세르가 오래 전에 제기한 '마르크스주의에 더 이상 지속될 수 없는 것'을 더욱 전면적으로 급진적으로 사고하고 있다는 점에서 공통점이 있다. 그것은 마르크스주의에 대한 기계적, 문헌학적, 비역사적 편향을 극복하게 하고, 새로운 현실적 조건들에 더욱 천착하게 한다는 미덕을 지니고 있다. 하지만 마르크스주의 존재론의 재구성에 관하여 두 이론가는 첨예하게 상반된 입장을 견지하고 있는데, 데리다는 이에 대하여 다음과 같이 말한다. ""우리의 마르크스주의적 유산이 이미 실천 속에서 입증되었기" 때문이 아니라(나는 전혀 그렇다고 믿지 않으며, 여기서 나는 그와 단호히 입장을 달리한다), 무엇보다도 다른 시대 속에서 식별 가능한 한 패러다임과의 유비가 이러한 확신에 찬 태도의 일부를 이루고 있기 때문인데, 이 점에 관해서라면 나 자신은 이미, 사람들이 재인지할 수 있다고 믿고 있는 "친숙한 분위기"와 마찬가지로 "친숙함" 일반에 대해 나는 항상 불신해왔다는 점을 말해 둔 바 있다."(데리다, 2009 : 241) 이미 입증되었다는 믿음을 경계하는 것, 데리다의 해체주의는 여기에 기반하고 있으며, 그런 한에서 데리다는 네그리의 '새로운' 존재론에 동의하지 않는다. 네그리가 말하는 새로운 주체에의 희망 대신 데리다는 친숙함에 대한 불신을 택하였으며, 이 불신이야말로 희망에 대한 믿음이며, 기다림에 보답하는 약속이라는 역설을 데리다는 일관되게 주장하고 있기 때문이다.

네그리의 집단지성 혹은 다중 개념이 지극히 서구적인, 제1세계적 상황에 의존하고 있다는 점을 고려한다면 데리다의 '친숙함에 대한 불신'에 더 귀 기울일 필요가 있어 보인다. 전지구적 자본주의 분업체제에 대한 정세분석과 판단에 근거해 볼 때, 네그리의 새로운 존재론은 데리다가 비판했던 '비역사적인 보편화의 오류'에 빠져들 우려가 있기 때문이다. 전지구적 자본주의 분업체제와 탈산업적 노동 패러다임은 분명 포스트모던에 걸맞는 전혀 새로운 노동, 일상, 놀이 환경을 생산하지만, 그러한 환경이 전지구적으로 동질적이고 보편적인 환경을 제공하지도 않을뿐더러, 국가별, 지역별 위계질서가 새롭게 재편되고 있는 현재의 시점에서는 이들 간의 차이와 특수성에 더욱 주목할 필요가 있다. 상황은 급변하고 있으며, 이 변화의 속도와 양적 질적 파급력은 예측 가능한 수위를 넘어서고 있다. 이와 같은 주류적 흐름에 분노하고 저항하는 다양한 이론적, 실천적 노력들에 좀더 관심을 갖고 이들의 노력을 희망의 약속으로 전화시키는 '효과적'이고 '생산적'인 접합점을 고민하는 것, 데리다의 '친숙함에 대한 불신'은 이 지점에 놓여 있다. 물론 네그리의 새로운 존재론 또한 그와 같은 소중한 노력들 중 하나일 것이며, 데리다가 주장하는 새로운 인터내셔널은 네그리의 집단지성을 포함하는 더욱 넓고 큰 범위의 연대와 소통의 공동체가 될 것이다. 이런 점에서 데리다의 유령들이 더욱 활기차게 우리시대에 배회하기를 기대한다. '시간이 이음매에서 어긋나 있다.'

• 자크 데리다(Jacques Derrida, 1930년 7월 15일 엘 비아르~2004년 10월 9일 파리)

데리다는 알제리 태생의 프랑스 철학자이다. 철학뿐 아니라 문학, 회화, 정신분석학 등 문화 전반에 관한 많은 저서를 남겼으며, 특히 현대철학에 해체의 개념을 도입한 것으로 유명하다. 데리다는 1930년 알제리의 엘 비아르에서 유대계 집안의 아들로 태어났다. 유년 시절에는 운동을 좋아해 한때는 축구 선수를 꿈꾸기도 했으나, 학문에 대한 관심과 열정 또한 남달라 이른 나이에 장 자크 루소, 프리드리히 니체, 앙드레 지드, 알베르 카뮈 등의 작품들을 섭렵했다. 이후 대학 진학을 위해 파리로 옮겨 루이르 그랑 고등학교에 진학한 뒤, 1952년 고등사범학교에 입학해 쇠렌 키르케고르와 마르틴 하이데거를 비롯한 본격적인 철학 공부에 들어갔다. 졸업 후에는 미국의 하버드 대학교에서 조교 생활을 하기도 했다. 데리다는 1964년 에드문트 후설의 『기하학의 기원』을 번역한 공로를 인정받아 장 카아비예스 상을 수상하면서 이름을 알리기 시작했으며, 1965년 고등사범학교의 교수로 임명되었다. 다음 해에는 존스 홉킨스 대학교의 볼티모어 콜로키움에 참가했는데, 이는 이후 데리다가 미국을 자주 방문하게 되는 계기가 되었다. 1967년에는 『글쓰기와 차이』, 『목소리와 현상』, 『그라마톨로지에 대하여』 등 첫 저작 3권을 출간했다. 1979년 소르본의 철학 강의를 맡으면서부터 데리다의 정치적 참여는 눈에 띄게 활발해졌다. 1981년에는 체코의 지식인들을 돕기 위한 얀 후스재단을 설립했는데, 이와 관련하여 프라하에서 불법적인 세미나를 조직했다는 이유로 감금되었다가 프랑수아 미테랑 대통령의 도움으로 풀려나기도 했다. 1983년 국제 철학 대학을 창립한 뒤 1984년부터 2004년 10월 9일 췌장암으로 죽음을 맞이하기까지 고등사회과학원의 철학 교수직을 맡았다.

적대와 급진적 민주주의

> <마음이 약한 자에게는 불행이 없다.> (…중략…) 이상
> 적인 노예—스스로를 <목적>으로 설정할 수 없고, 대체
> 로 자신의 내부로부터 목적을 설정할 수 없는 자, 그 자
> 는 무아(無我)의 도덕에 대해 외경을 표현한다.—본능적으
> 로 모든 것이, 즉 그의 영리함, 그의 경험, 그의 허영이
> 이 도덕에 따르도록 그를 설득한다.
>
> (니체, 『권력에의 의지』, 228쪽)

민주주의 혁명을 위한 특권적 주체는 없다

아르헨티나 이론가이자 영국 에섹스 대학(the University of
Essex) 교수를 역임하고 있는 어네스토 라클라우(Ernesto Laclau)

는 포스트-마르크스주의의 창시자로 잘 알려져 있으며, 아내인 무페(Chantal Mouffe)와 공동집필한 자신의 대표적인 저서 『헤게모니와 사회주의 전략(*Hegemony and Socialist Strategy*)』[1]을 통해 국내에서도 일약 논쟁의 중심을 차지했었다. 라클라우가 주장하는 '급진적 민주주의'(radical democracy)는 자본주의가 선전하는 자유 민주주의의 허구성을 비판하고 사회구성체의 이행에 관한 기존의 전통적인 마르크스주의 입장을 교정하기 위한 것이다. 이들의 논의는 유럽과 미국을 포함한 세계 각지에 이론적 반향을 불러일으켰으며 새로운 사회적 조건을 반영하는 지적 자극으로 수용되었다. 다양한 찬반 논쟁을 불러일으켰음에도 불구하고, 라클라우가 핵심적으로 문제삼고 있는 것은 제반 민주주의 운동의 접합과 사회주의 사회로의 이행 가능성이라고 요약해서 말할 수 있을 것이다.

이들에 따르면 오늘날 우리에게 가장 중요한 것은 부단히 변화하고 있는 세계를 더 이상 낡은 패러다임으로 이해할 수 없다는 사실을 인정해야 한다는 것이다. 낡은 이론, 과거의 진리는 그것을 생겨나게 했던 과거의 현실과 관련된 것일 뿐, 부단히 급변하고 있는 새로운 세계를 해석하고 변화시켜 내

---

[1] 이 책은 국내에서 『사회변혁과 헤게모니』(도서출판 터)로 제목이 바뀐 채 번역되었다. 이는 '사회주의 전략'이라는 용어가 문제시된 때문인 것 같다. 또 하나 밝힐 것은 라클라우는 '급진적 민주주의론'을 주장한 이후 이를 자기비판하고 '민중주의'(populism)를 새롭게 주장하게 된다. 이 책에서는 '민주주의'와 관련한 그의 논의를 소개하는 데 초점을 맞춘 관계로 이러한 변모에 대해서는 다루지 않기로 한다.

기에는 부적합하다. 이와 같은 사실은 마르크스주의에도 마찬가지로 적용될 수 있다. "오늘날 좌파사상은 갈림길에 서있다. 과거의 자명한 진리는 그러한 진리가 구성되도록 한 기반을 성숙시켰던 역사적인 변천이 거듭 밀려옴으로써 심각하게 위협받고 있다."(라클라우, 1990 : 11) 변화하는 현실을 적극적으로 받아들이고 이를 이론적으로 사고할 수 있어야 한다는 현실주의적 사고는 "현실이 어떤 이론이나 사상보다 더 풍부하다"는 마르크스주의의 핵심적인 주장과도 상통하는 것이다. 그러나 서구의 좌파들은 관념론－유물론, 자본주의－사회주의의 전통적인 이분법에 안주해 있었다. 그 결과 그들의 예상과 기대와는 달리 현실 사회주의는 몰락했고, 자본주의는 세계화의 독주를 시작했다.

이러한 반성적 사유는 전통적인 변혁론이나 혁명론이 상대적으로 등한시 했던 다양한 영역의 사회적 실천들에 대한 관심에서 시작된다. 비록 현실 사회주의 국가들은 몰락했지만, 서구 사회가 지향해 온 민주주의 투쟁의 다양한 양상들에서 새로운 변혁의 가능성을 발견할 수 있다고 라클라우는 말한다. "새로운 페미니즘의 발흥, 인종적, 민족적, 성적 소수집단에 의한 저항운동, 주변화된 인구층에 의해 수행되는 반제도적 생태학 투쟁, 반핵운동, 주변부 자본주의 국가들에서 일어나는 유형화하기 힘든 사회적인 투쟁형태, 이러한 모든 것들은 사회적인 갈등 가능성들이 넓은 범위의 지형에까지 확장

되고 있음을 함축하며, 이는 비록 잠재적인 것에 지나지 않는
다 하더라도 보다 자유롭고, 민주적인 그리고 평등주의적인
사회를 향해 나아갈 수 있는 잠재력을 창출하고 있다.”(라클라
우, 1990 : 11) 여성운동과 환경운동, 동성애자 및 다문화사회에
대한 인식의 변화 요구, 리비아 등 비서구권 지역의 다양한
형태의 민족, 민주화 투쟁, 국가기구의 일방통행적 의사결정
과 국제관계의 경쟁적 획일화에 저항하며 인권, 환경, 빈곤
추방, 부패 방지 등을 목표로 국가와 UN 등과 공조와 견제를
지향하는 민간 국제기구(NGO) 운동 등은 현실 사회주의의 몰
락에도 불구하고 이와 무관하게 점차 고취되고 있는 민주와
평등, 공존과 평화 번영에 대한 성장하고 있는 인식을 보여주
는 대표적인 사례라고 할 수 있을 것이다.

● 라클라우는 계급투쟁 이외의 다양한 투쟁들 속에서 민주주의의 가능성을 읽어낸
다. 사진은 후쿠시마 이후 원전반대운동을 벌이는 일본시민들의 모습.

이와 같은 다양한 분야의 변화를 위한 투쟁과 운동들을 새로운 가능성으로 접합할 수는 없는 것일까. 전통적인 마르크스주의는 자본주의의 기본모순을 계급모순으로 파악하고, 계급투쟁을 통한 사회주의의 건설이야말로 본질적인 투쟁을 의미하는 것이며, 이 투쟁을 통해서 자본주의가 붕괴되고 나면 여타의 다양한 사회적 모순들은 자본주의와 함께 사라지게 될 것이라고 보았다. 이런 입장에서 보면, 위에서 언급한 다양한 사회의 부문운동들은 부차적이고 지엽적인 것이 될 뿐이다. 라클라우에 따르면 바로 이와 같은 시각이 서구의 좌파들을 위기에 몰아넣은 중요한 요소들 중 하나인 것이다. "지금 위기에 처해 있는 것은 노동계급의 존재론적인 중심성, 한 유형의 사회로부터 다른 한 유형의 사회로 이행하는데 있어서 근본적인 계기로 간주되는 대문자 R로 시작하는 혁명(the Revolution)의 역할, 정치라는 계기를 무의미하게 만드는 완벽하게 통일적이고 동질적인 집합의지에 대한 가상적인 전망에 근거한 사회주의라는 전체적인 구상 등이다."(라클라우, 1990 : 12) 여기서 핵심적인 부분은 "완벽하게 통일적이고 동질적인 집합의지에 대한 가상적인 전망"이란 표현이다. 익숙한 용어로 말하자면, 이는 사회주의 혁명으로 나아가는 데 있어서 노동계급의 주도적이고 중심적인 역할에 대한 믿음, 즉 자본주의의 모순을 온몸으로 각인할 수밖에 없는 노동계급이 자신의 억압받고 차별받는 현실에 대해서 각성하고 그들의 계급

위치를 인식함으로써 자본주의의 불평등한 계급모순을 타파
하고 진정한 자유, 평등, 민주주의의 인간해방을 성취할 수
있다는 믿음을 의미한다. 자본주의의 주요 모순은 바로 계급
모순이기 때문에, 계급적 주체들은 반자본주의적 민주주의 투
쟁을 위한 중심적인 역할을 수행할 수밖에 없다는 것이다.

그러나 라클라우가 볼 때, 마르크스주의와 노동계급의 행
복한 동거시대는 이제 더 이상 가능하지 않다. 자본주의의 발
전은 사회를 더욱 세분화시켰으며 그에 따른 사회 계층의 분
화도 심화된다. 노동자의 계급 위치는 분산되고, "완전히 발
전한 부르주아 문명은 노동계급의 통일성을 전복시켰을 뿐
아니라 노동계급 속에 자신의 구조적 질서가 반영되도록 만
들었"(라클라우, 1990 : 69)기 때문이다. 그래서 라클라우가 볼 때
자본주의의 문제를 해결하는 문제와 관련하여 마르크스주의
가 노동계급을 특권화하는 것은 진정한 의미에서 마르크스주
의의 장점이 아니다. 오히려 "우리가 '보편적 계급'이라는 존
재론적으로 특권화된 입장에 근거한 어떤 인식론적 특권도
거절할 때에만 마르크스주의적 범주들이 오늘날 지니는 타당
도를 진지하게 논의할 수 있을 것이다."(라클라우, 1990 : 15) 전
통적인 마르크스주의의 역사관에 따르면 자본주의에서 공산
주의로의 이행은 역사의 합법칙적 발전과정에서 필연적인 것
이다. 자본주의의 모순이—기본 모순은 계급모순이다—자본
주의 발전 과정에서 극대화되면(빈익빈부익부의 극대화, 경제대공황

등) 자본주의는 역사의 합법칙성을 실현해내는 노동계급에 의해 붕괴되고 계급적 억압과 착취가 없는 무계급사회인 공산주의로 바뀌게 된다는 것이다. 이와 같은 이행에 있어서 주도적 역할을 하는 노동계급은 역사의 법칙을 실현하고 자기 자신과 모든 계층을 억압과 착취로부터 해방시키는 역할을 담당하게 된다는 의미에서 '보편적 계급'이 된다. 라클라우가 마르크스주의를 비판하는 지점이 바로 반자본주의적 민주주의 투쟁에 있어서 '보편적 특권 계급'을 상정하는 대목이다.

라클라우는 기존의 계급이라는 범주를 보존하게 되면 새롭게 등장하는 사회 운동들로 인해 새롭게 대두되는 정체성들과 계급이 올바르게 결합할 수 없다는 점을 지적한다. 그에 따르면, "마르크스주의의 '계급' 개념은 정체성들이 나열되는 연쇄에 결합될 수 없는데, 계급은 오직 모든 정체성들이 구성되는 접합의 핵심으로 가정될 뿐이기 때문이다. 이런 접합의 기능을 상실하고 복수의 정체성을 포괄하는 연쇄의 일부가 될 때 '계급'은 무엇을 의미하는가? 부의 차이인가? 또는 직업 범주인가? 아니면 상이한 지리적 영역을 따라 모든 집단인가? 그것은 비결정적이다. 나열적 연쇄의 일부가 됨으로써 '계급'이라는 용어는 새로운 정확한 의미를 전혀 획득하지 못한 채 그 접합적 역할을 상실했다. 우리는 '떠다니는 기표'의 지위에 근접하는 무언가를 다루고 있다."(라클라우, 2009 : 403) 라클라우가 표현하는 바 '모든 정체성이 구성되는 접합의 핵심',

마르크스주의의 용어로 설명해 보자면 '사회적 기본 모순의 담지자로서의 계급적 주체'라는 주장은 아무리 세련된 형태를 취한다 하더라도 계급 환원론적인 것일 뿐이다. 계급적 정체성이 마치 전지적 작가의 시선처럼 개별자의 정체성들을 관장하고 들여다보고 있는 것이라면, 그것은 다른 정체성들이 자신의 목소리를 내는 것을 끊임없이 억압하는 역할을 할 수밖에 없기 때문이다. 다시 말해 어떠한 사회적 정체성에 기반한 운동들도 그 계급적 정체성에 대한 신원보증을 요구하는 억압으로 작용할 수 있다는 것이다. 예를 들어 "당신이 환경운동가로서 현재 하고 있는 그 운동은 노동운동과 어떤 관계가 있는 것인가요?"라는 질문으로부터 언제나 자유로울 수 없게 된다는 것이다. 그렇게 됨으로써 역설적으로 계급이라는 범주는 다른 범주들과 접합되지 못하고 "떠다니는 기표"처럼 새로운 운동들 가운데 부유하게 된다. 라클라우의 지적처럼, "그런 개념은 (a) 주체위치들이 그 체계성을 상실하고 사회적 행위자의 정체성을 강화하는 대신 탈중심화하기 시작할 때, (b) 상이한 정체성 논리들이 계급 경계를 가로질러 계급 위치와 겹치지 않은 정체성들을 구성하는 경향이 있을 때, (c) 사회적 행위자의 전반적 정체성을 정의하는 데 생산과정 내 위치가 그 중심성을 상실할 때 위협을 받는다."(라클라우, 2009 : 407)

마르크스주의의 타당성은 이러한 단선적이고 목적론적인

마치 종교적 계시와도 같은 혁명론에 있는 것이 아니다. "마르크스가 '유물론적'으로 진전한 점은 상징적인 총체들을 구성하는 사회적 차이들의 영역이 지금까지 생각되어 온 것보다 훨씬 더 광범위하고 심층적이라는 사실을 보여주었다는 점일 것이다."(라클라우, 1992 : 112) 이러한 주장을 이해하기 위해 우리는 알튀세르라는 우회로를 택해야 할 것 같다. 알튀세르의 이론은 라클라우를 포함한 포스트마르크스주의에 많은 영감을 제공했으면서도 동시에 포스트마르크스주의와는 분명한 차이를 보여준다. 알튀세르를 통해 마르크스주의와 비교되는 라클라우의 민주주의 전략을 더욱 구체적으로 이해할 수 있을 것이다.

상대적 자율성, 최종심급, 적대

알튀세르는 프랑스의 마르크스주의 철학자로서 이데올로기에 관한 현대적 논의를 촉발시킨 것으로 유명하다. 그는 구조주의와 정신분석학이라는 당대의 지적 성과물들을 마르크스주의적 입장에서 전유함으로써 마르크스주의의 전통적인 용어들과 이해방식들을 세련되게 다듬고 수정하여 그것을 현대의 철학 담론 중심에 위치시킨다. 알튀세르가 유행시킨 용어들 중 핵심 키워드는 '상대적 자율성'(relative autonomy)일 것이다. 이 용어는 마르크스주의의 오래된 메타포인 토대−상부구조 모델을 새롭게 설명하기 위해 고안된 것으로, 알튀세르는 '토대에 의한 상부구조의 직접적인 결정'을 거부하고 상부구조는 다른 상부구조로부터 뿐만 아니라 토대로부터도 자율적인 영역으로 이해해야 한다고 주장한다. 즉 사회구성체의 제 영역들은 상호 밀접하게 영향을 주고받지만, 다른 한편으로는 독자적인 변화의 내적 논리와 역학관계를 지니고 있다는 것이다. 독자적이고 고유한 실천 영역이라는 점에서 자율적이면서, 동시에 서로 영향을 주고 받는다는 의미에서 그 자율성은 절대적이 아니라 상대적이라는 것이다.

이와 같은 알튀세르의 주장은 토대가 되는 경제 영역의 실천에 중요성을 부여하던 기존의 마르크스주의적 경향을 비판하면서 사회 제반 영역에서 실천의 중요성을 부각시킴으로써 다양한 영역에서의 사회적 실천과 투쟁을 독려하는 것이었다. 알튀세르의 논의가 여기에서 그쳤다면 이는 라클라우의 주장과 그리 다르지 않은 것이 될 터이다. 마르크스주의자로서 알튀세르는 비유적이기는 하지만 마르크스의 건축학적 모델을 폐기하지 않으려면, 토대가 상부구조들과 다른 층위에 놓여야만 하는 이유를 설명해야만 했다. 토대이면서도 다른 상부구조들을 일방적으로 결정하지 않는 관계를 설명하기 위해 알튀세르는 '최종심급에서의 결정'(determination in the last instance)이라는 테제를 제출한다. '최종심급에서'라는 표현을 썼다고 해서, 경제만이 유일하게 결정적이고 그 여타의 심급들은 그 이전에만 결정적 역할을 할 뿐인 그런 어떤 궁극적인 시기가 올 것이라든가, 혹은 경제만이 유일하게 결정적 역할을 했고 그 여타의 다른 심급들은 그 후에만 그런 역할을 하게 되는 어떤 출발점이 되는 시기가 있었다고 생각해서는 안된다. 이 말은 경제가 직접적으로 상부구조의 자율성에 개입하여 상부구조의 내적 동력을 결정하지는 않는다는 뜻이다. 토대로서의 경제관계는 한 사회구성체의 성격을 규정하는 윤곽과도 같은 것이다. 상부구조는 토대의 전반적인 양식, 예를 들어 생산력의 수준이나 생산관계의 성격 등에 영향을 받는다. (물론 상부구조의 변화 또한 토대의 변화에 영향을 미친다) 그러나 토대의 변화가 곧장 상부구조의 변화로 이어지지는 않는다. 앞서 말했듯이 상부구조는 자율적인 내적 실천 논리와 동학이 있기 때문이다. 제반 사회적 영역들 간에 불균등한 발전이 이루어지는 것도 이 때문이다. 그래서 경제만이 유일하게 상부구조의 변화를 결정짓는 순간은 절대로 오지 않지만, 최종적으로는 경제가 상부구조를 결정한다는 말이 가능해진다. 일견 모순어법 같은 '최종심급에서의 결정'과 '최종심급은 절대로 오지 않는다'는 알튀세르의 주장은, 사회구성체는 궁극적으로는 경제에 의해 지배되지만, 그것이 언제나 어디서든 사회현상을 설명하는 절대적 기준이 될 수 없다는 것을 뜻할 뿐이다. 이는 경제에 의한 일방적 결정론에 빠진 속류 마르크스주의를 비판하면서도 동시에 경제의 궁극적인 토대로서의 역할을 강조함으로써 마르크스주의 특유의 '계급'적 관점을 유지하기 위한 이중적 전략을 내포하고 있다. 앞서 언급했듯이 사회의 상부구조는 '경제'의 토대위에서 구축되지만 상부구조의 각 부분들은 상호 밀접하게 관련되어 있으며 토대로부터도 상대적 자율성을 지니고 있다. 복잡하게 얽혀있는 사회의 현상은 한부분의 사회현상만으로는 설명되어질 수 없으며 파악이 불가능하다. 알튀세르의 '중층결정'(overdetermination)은 바로 이러한 사회적 복합성과 상호규정성을 드러냄으로써 하나의 사회적 요인으로 환원되지 않는 사회 현상의 다층적인 특성을 강조하기 위한 것이다. 이러한 논의과정을 통해 알튀세르는 마르크스주의의 틀 안에서 결정론적이고 단선적인 속류주의를 비판하게 되고, 자신의 유명한 이데올로기론으로 나아가기 위한 기틀을 마련한다.

이에 비해 포스트마르크스주의자들은 '최종심급에서의 경제의 결정성'을 폐기해 버린다. 라클라우는 경제관계를 기준으로 사회관계의 총체를 설명하는 마르크스주의에 반대한다. 경제관계의 몇몇 법칙들을 중심으로 사회의 전체적인 변화의 법칙을 설명할 수 있다고 믿는 '예지적인 총체성'을 추구하는 마르크스주의를 해체하고, 개념적 합리주의, 보편적 담론으로 설명할 수 없게 되어버린 다양하게 다층적으로 변화하는 현실을 반영할 수 있는 새로운 문제의식을 지녀야 한다는 것이다. 그에 따르면 "경제라는 장이 내재적 법칙에 종속되는 자기 조정적 영역인 것은 아니다. 또한 그곳에 궁극적 계급 핵심 속에 고정될 수 있는 사회적 행위자의 구성원리가 존재하는 것도 아니었다. 나아가 계급적 위치가 역사적 이해의 필연적 소재도 아니었다."(라클라우, 1990 : 108) 알튀세르의 설명에서 봤듯이 마르크스주의는 경제를 자기 조정적 영역으로 파악하지 않는다. 이는 오히려 자본주의적 시장주의자들이나 '보이지 않는 손' 운운하며 옹호할 내용이다. 물론 '생산력과 생산관계 사이의 모순' 만을 역사 변화의 동력으로 파악하는 속류주의자들은 시장 만능주의자들만큼이나 한심하지만, 마르크스주의자들 모두가 속류적 인식에 매몰되어 있는 것은 아니다. 그럼에도 불구하고 계급적 위치에 따른 계급적 주체의식을 강조하는 마르크스주의는 주체와 사회 그리고 역사의 이해에 있어서 '계급중심적' 편향을-정도의 차이는 있겠지만-지니고 있는 것은 사실이다.

최종심급에서의 결정과 상대적 자율성의 개념들은 논리적으로 양립불가능하다는 주장을 통해 전통적인 마르크스주의자들과 자신들을 차별화하면서 라클라우는 다음과 같이 주장한다. 즉 "우리가 경제에 의한 최종심급에서의 결정의 개념을 포기한다면 어떻게 될까? 이러한 포기가 자율성은 절대적이라거나 자본주의 사회에서 경제는 다른 영역들에서 행해질 수 있는 바에 대해 근본적인 구조적 한계를 부과하지 않는다는 식의 주장으로 곧바로 이어지는 것은 아니다. 도출되는 것은 (a) 영역들 간의 한계와 상호작용은 '결정' 범주의 측면에서 사고될 수 없으며, (b) 사회가 합리적이고 인지 가능한 구조로 재구성될 수 있는 기반에서의 최종심급은 없으며 오히려 각 부문의 상대적 효과성은 사회적인 것을 전적으로 관통하는 적대세력들의 불안정한 관계에 의존한다는 것이다."(라클라우, 1992 : 117) 사회적 영역들 간의 '결정관계'를 거부하고 '사회적인 것을 관통하는 적대세력들의 불안정한 관계'에 주목하기를 주장하는 라클라우는 모순과 결정 대신에 적대와 헤게모니라는 용어를 통해 새로운 사회이론을 기획한다. 물론 새롭게 기획한 사회이론이 '급진적 민주주의론'임은 두 말할 필요가 없을 것이다.

적대, 헤게모니, 민주주의

앞서 언급한 '사회적인 것을 관통하는 적대세력들의 불안정한 관계'에서 출발해 보자. 일단 라클라우는 '사회'(society)와 '사회적인 것'(the social)을 구분한다. '사회적인 것'이라는 말로 그가 설명하려고 하는 것은 '사회'의 비고정성, 혹은 불가능성이다. 사회라는 용어는 폐쇄적이고 총체적인 어떤 고정된 객관적 실체를 의미한다. 이에 반해 사회적인 것이라는 용어는 사회를 고정된 것으로 보기보다는 과정 중에 있는 것, 구축되어가는 것, 그러므로 총체적인 파악과 이해가 불가능한 것으로 이해하는 방식을 함축하고 있다. 이는 알튀세르가 '사회구성체'(social formation)라는 말로써 사회를 이해하는 방식과 유사함을 알 수 있다. 여기서 한 걸음 더 나아가 라클라우는 "사회적 총체성을 구성하는 요소들 간에 가정된 필연적인 연결이 논리적으로 일관성이 없음을 논증하고 그리하여 합리적으로 통일된 총체성으로서의 '사회'라는 객체가 불가능함을"(라클라우, 1990 : 125) 지적한다. 사회를 구성하는 제반 영역이 상대적으로 자율적인 성격을 지니고 있다면 특정 영역에 기반한 이론이나 개념화는 다른 여타의 영역들을 설명하기에 불충분하다. 그렇기 때문에 사회 모든 영역의 특수한 내적 동력과 작동 원리를 모두 모아놓게 되면 이는 통일된 어떤 원리를 설명해 줄 수 있는 것이 아니라 그만큼의 개별적인 차이들만을 확인하게 될 뿐이다. 이 차이들을 애써 축소하거나 외면하고 동질적인 전체로서 설명하려고 하면 할수록 그 설명은 가상적인 것이 되고 '사회'의 불가능성을 확인하게 될 것이다. 그렇다면 우리는 사회적인 것에 대해 객관적이고 보편적인 인식을 가질 수 없게 된다는 결론이 도출된다. 라클라우의 대답은 그렇다 이다. 그가 보기에 객관성이란 최종적으로 불가능하다. 그것은 우리의 경험의 특수성에서 기인하는데, 이를 라클라우는 '적대'라고 부른다.

적대는 우리가 사회 속에서 불가피하게 경험할 수밖에 없는 것인데, 이는 사회 전 영역에서 타자 혹은 사회와 맺는 관계성을 의미한다. 적대란 '모든 객관성의 한계, 즉 부분적이고 불완전한 객관화로서 드러나는 모든 객관성의 한계들을 구성하는 것'이자 '현존하는 질서의 한계를 구성하며, 그 질서의 불가능성 그 자체'(라클라우, 1990 : 156)를 의미한다. 그렇다면 사회의 모든 영역에는 적대가 깃들어 있다는 주장은 어떻게 가능한가. 그것은 사회적 불평등에서 기인한다. 단지 물질적 불평등 뿐 아니라 사회적 지위나 인정, 의사결정 과정 등 다양한 분야와 층위에서 발견할 수 있는 불평등한 조건 혹은 관계는 인간이 만든 문명 모든 곳에 존재해 있다. 신의 왕국이 아닐진대, 완벽한 평등과 사랑과 자유가 구현되는 유토피아가 실제로 존재할 것이라고 믿는다면 그것은 지나치게 순진한 생각일 것이다. 특정 사회 영역에서 구성원 간의 불평등한 관계는 종속적인 관계를 형성하게 만든다. 종속관계는 이 관계에 대한 인식과 담론이 형성되기 전까지는 아직 적대적 관계를 형성하지 못한다. 종속관계는 그 자체가 적대를 낳지는 않는다. 불평등에 대한 투쟁과 종속관계에 대한 도전을 통해 적대의 위치들로 변형된 종속관계가 바로 억압관계가 된다.

예를 들어 남녀 간의 불평등한 관계 때문에 여성은 남성에 종속적인 위치로 전락한다. 그러나 이 종속관계에 대해서 여성들이 만족하고 있거나, 불만을 속으로 삭이고만 있다면 그것은 적대를 형성하지 못한다. 여성과 남성이 법적 사회적으로 동등하다는 인식이 싹트고 이를 목소리(담론)로 만들어 남성의 종속으로부터 해방되려고 할 때 적대는 형성된다. 물론 이러한 인식은 민주주의와 인권 등에 관한 다른 외부적 적대로부터 도움을 받기도 하고, 양성간의 적대가 다른 적대에 인식적 도움을 주기도 할 것이다. 그리하여 각각의 적대는 다른 적대를 촉구하기도 하고 방해하기도 하며, 특정한 담론적 조건 하에서 서로 접합한다. 80년대 한국 사회는 독재에 대항하는 민주화 투쟁을 당대 사회의 우선적 과제로 인식했고 그래서 독재권력과 거기에 저항하는 시민들의 관계가 적대를 형성했다. 그리고 그 과정에서 남/여의 적대, 국민/비국민, 성적 소수자들 간의 적대는 표면적으로 드러나지 않았거나 혹은 구체적으로 적대의 조건을 만나지 못했으므로 형성될 수 없었다. 그리고 문민정부 이후 형식적인 민주화가 이루어지자 다양한 다른 적대들이 사회 운동의 중요한 영역을 차지하게 되었다. 21세기를 맞은 한국사회는 이전에 경험하지 못했던 다양한 적대들 속에서 또 다른 성장과 변화를 모색하고 있으며 이러한 적대들을 접합시키고 소통시킬 사회적 담론조건을 만드는 것은 우리 시대의 새로운 과제가 되고 있다. 적대는 근본적으로 갈등을 유발하고 새로운 투쟁을 만들어내지만 거기에서 더욱 민주적이고 더욱 평등한 사회를 위한 새로운 과제들도 생산된다. 이처럼 종속관계를 인식하고 거기에 투쟁하고 도전하려는 집단적 지향성이 그 구성원들 속에서 생성될 수 있게 하는 담론적 조건이 만들어질 때 적대는 형성되는 것이고, 적대 속에서 종속관계를 영구화하려는 측의 억압과 이 관계를 해소하려는 측의 저항이 시작되는 것이다. 그러므로 양측은 자신들의 입장과 이해관계를 담고 있는 담론을 각자 만들어내며 자신들의 담론이 더욱 보편적이고 객관적이며 올바르다는 것을 설득하게 된다. 결국 적대는 객관성과 보편성의 이름으로 행해지는 헤게모니를 둘러싼 투쟁이 될 것인데, 헤게모니는 이처럼 적대를 형성하는 집단들 간의 투쟁의 원인이자 결과이다.

사회적인 것이 "자기 자신의 동학을 가지는 이질적인 사회관계들의 복합적 총체"를 의미하고, "다수주체들의 소재지이며 단하나의 주체위치로 환원될 수 없는" 사회적 행위자가 개인이라면, 한 개인은 다양한 종속과 억압관계에 얽매여 있다는 결론이 도출된다. 따라서 사회적 적대는 적대'들'이라고 말하고, 한 개인은 주체라고 말하기보다 주체'들'이라고 말해야 한다. 다양한 적대들이 상대적으로 자율적인 관계를 유지하며 주체를 둘러싸고 있는 것이다. 한 개인의 주체성은 통일될 수 없는 다양한 적대관계들의 담론적 환경에 영향을 받게 마련이고, 그 결과 사회와 세계에 대한 객관적이고 통일된 인식을 할 수 없다. 사회의 다양한 적대들은 상호 충돌하기도 하고 보완하기도 하고 협력하기도 한다. 역사적 과정에서 적대는 우연적이고 예측 불가능하게 생성, 발전, 접합, 소멸된다. 그러나 이렇게만 말하는 것으로는 무언가 부족하다. 사회적 적대들 속에서 우리는 어느 한쪽의 입장만을 대변할 뿐이니 주체의 인식은 결국 '편들기'의 무한반복일 뿐이라고 말하는 것만으로는 말이다.

이제 민주주의에 관한 논의로 넘어가보자. 지금까지 사회적 적대의 다양성을 언급하면서 이는 필연적이지 않고 파편화되거나 분산된 것임을 확인하였다. 그리고 그러한 환경에 둘러싸인 사회적 주체는 고정된 정체성을 지닐 수 없고 객관적이고 총체적인 인식을 하지 못하는 상황에 처해있음을 고찰하였다. 적대(들)라는 용어는 특정계급 중심의 투쟁만을 중요시하는 기존의 편향된 이론을 비판하고, 갈등과 억압, 그리고 저항과 투쟁의 다양성과 전면성을 지적함으로써 운동의 외연을 확대하고자 고안된 것이었다. "일단 '보편적 계급'으로서의 노동계급 개념이 기각되면, '노동자 투쟁'의 표지 아래 자의적으로 모여진 투쟁들의 영역에서 일어나는 적대들의 다원성을 인지할 수 있게 되며, 또한 민주주의 과정의 심화에 있어서 그것들 대다수의 대단한 중요성을 인지할 수 있게"(라클라우, 1990 : 205) 되기 때문이다. 다시 말해 라클라우는 새롭게 출현하는 적대들과 정치주체들을 민주주의 혁명의 확장 및 일반화의 기회로 삼고자 하는 것이다. 그에 따르면 민주주의는 환경, 노동, 인권, 성별 등 다양한 층위에서 기획하는 반자본주의 투쟁을 심화, 확대시킬 수 있는 좋은 접합점을 제공한다. 이런 의미에서 사회주의 혁명은 민주주의 혁명의 한 계기로 이해하는 것이 바람직할 것이다. "좌파의 대안은 스스로를 민주주의 혁명의 영역 안에 충분히 위치시킴으로써, 그리고 억압에 대항하는 상이한 투쟁들 사이의 등가 연쇄들을 확장시킴으로써 이뤄져야 한다. 그러므로 좌파의 과제는 자유-민주주의적 이데올로기를 부정하는 것일 수 없으며 이와 반대로 그 자유주의적 이데올로기를 급진적이고 다원적인 민주주의의 방향으로 심화시키고 확대시키는 것이어야 한다."(라클라우, 1990 : 215) 자유-민주주의 이데올로기는 서구 근대화의 산물이고, 자본주의라는 경제적 토대를 지탱시켜주는 정치적 사회적 근간이다. 자본주의가 발전하면서 자유와 민주주의의 이데올로기를 확대, 발전시켜 온 것은 분명 사실이다.

그러나 자본주의 본연의 시장경제는 자유와 민주주의를 제한적으로만 허용하게 되는데, 이는 자본주의와 민주주의의 행복한 결합이 형식적으로만 가능할 뿐이라는 사실을 확인하게 만든다. 시장의 확대와 이윤의 증대라는 시장논리가 민주주의의 자유, 평등, 호혜의 정신을 압도하고, 시장 팽창의 무한경쟁은 제국주의 전쟁 및 식민지 수탈 등의 비인간적이고 반민주적인 본색을 결국에는 드러내게 된다. 냉전시대 이후에도 신자유주의는 자본주의의 세계화라는 국경없는 경쟁과 전지구적 자본주의 노동 분업을 가속화시키면서 인종, 민족, 국가,

성별, 계급 간의 불평등과 차별을 확대재생산하고 있다. 결국 시장논리가 사회 전 영역의 지배논리가 되어버린 사회에서 민주주의의 대의가 제대로 실현되기는 불가능하다. 라클라우가 주장하는 '급진적 민주주의'는 자본주의 하에서 허명에 그쳐버린 민주주의의 원리를 사회 전 영역에 확대하여 반자본주의적인 운동을 전면적으로 확대하자는 슬로건을 의미한다. 이처럼 기존의 질서에 맞서는 적대의 다양한 양상들을 민주주의적 접합을 통해 민주주의 원리를 확대해 나가는 것, 이는 자본주의 체제 내의 운동에만 국한되는 것은 아닐 것이며, 우리가 시행착오를 통해 경험한 사회주의 운동으로 곧장 등치되지도 않을 것이다.

민주적 가치의 지속적 성찰

'급진적 민주주의'의 매력은 변화하는 현실을 충실히 반영하여 이를 이론화하고 있다는 점이다. 전통적 이론으로는 담아낼 수 없는 자본주의의 변화 양상과 이에 저항하는 다양한 실천들, 그리고 현실사회주의 국가가 서구에 미친 (주로 부정적인) 영향들을 균형감있게 검토하고 있는 이 이론은 "후기산업사회의 나라들에서 고전적인 노동자계급의 쇠퇴를 낳았던 자본주의의 구조적 변형, 자본주의적 생산관계의 사회생활 영역으로의 침투의 증대, 새로운 사회적 항의를 유발하는 자본주의의 탈구효과, 고전적인 계급투쟁의 유형을 따르지 않는 제3세계에서 출현하는 대중동원, 프롤레타리아독재의 이름으로 구축된 새로운 지배형태의 폭로를 포함하여 소위 '기존의 현실사회주의' 나라들에서 그 효과가 나타난 사회모델의 위기와 불신 등"(라클라우, 1992 : 94)을 배경으로 새로운 사회적 운동들을 접합해 내고, 이를 반자본주의적인 민주주의 운동으로 모아낼 가능성을 모색하고 있다. 라클라우의 작업을 요약해 보자면, 철학적으로는 '경제에 의한 결정'이나 '역사의 필연적 법칙'과 같은 형이상학적 범주가 마르크스주의에 존속해 있다는 점을 지적하고, 사회분석적인 측면에서는 자본주의의 자기발전의 근본적인 경향성과 자본주의가 발생시킨 사회적인 적대들의 다양성을 밝혀냄으로써 이를 다양한 방향에서 급진화시키고 변형시켜야 할 것을 강조한다. 그리고 정치적으로는 사회주의를 민주주의 혁명의 더 넓은 영역 속에 위치시킴으로써 자본주의를 넘어설 수 있는 정치적 변혁의 가능성을 특권화된 계급이나 집단에 집중시키지 않고 그 투쟁의 다원성과 다양성을 확대시키려고 한다.

무페는 "고전적 마르크스주의의 계급환원주의를 반대한다. 계급환원주의에서 모든 사회적 주체는 필연적으로 계급주체이다. 그 대신 그 개인이 삽입되는 사회적 관계들과 그러한 관계들을 구성하는 담화들에 상응하는 각 개인에게는 다양한 사회위치가 존재함을 나는 확신한다. '계급' 위치가 주체성의 접합의 근원이라고 선험적으로 특권화할 아무런 이유가 없다."(무페, 1990 : 240)고 주장한다. 환경운동, 비핵운동, 반관료주의 운동 등 새롭게 등장하는 다양한 사회운동들을 '새로운 민주주의 투쟁'이라는 이름으로 환영하고 이 운동들의 가치를 적극적으로 평가하기 위해서는 고전 마르크스주의의 계급환원주의를 폐기해야 한다는 것이다. 새로운 사회운동의 지형은 노동자라는 '특권화된 혁명주체'를 더 이상 용인하지 않으며, "사회주의로의 이행은 상이한 불평등의 형태들에 대항하는 모든 투쟁을 접합시키는 정치적 구성을 통해서만 일어날 것이다. (…중략…) 우리는 노동계급과 사회운동을 대립시키는 빈약한 이분법, 즉 어떤 경우도 사회적인 분리와 조응할 수 없는 이분법을 넘어서야 한다. 왜냐하면 노동자들은 그들의 계급위치로 환원될 수 없으며, 그 밖의 다른 주체 위치를 형성하는 다른 사회적 관계들의 유형 속에 삽입되기 때문이다. 우리는 자본주의와 국가개입의 증대가 정치투쟁의 영역을 확장했고, 민주주의 혁명의 효과를 사회관계 전체에 확대했다는 사실을 인지해야 한다. 이는 사회의 모든 수준에서 이른바 진지전의 가능성을 열어주는 바, 그럼으로써 근본적 변혁의 길이 열린다 하겠다."(무페, 1990 : 252~53) 자본주의 국가체제의 확립과 그 영향력의 증대가 사회 전 영역에 민주주의적 열망을 가져올 만큼 확대되었고, 따라서 사회 전 영역에서 '진지

전'을 수행하기 위해서는 '사회주의'라는 계급중심의, 노동자 중심의 용어보다 '민주주의'라는 효과적 개념을 통해 변혁의 가능성을 확대하자는 것이 포스트-마르크스주의 이론의 핵심이다.

결론적으로 무페는 "만일 사회주의를 말하는 것이 어떤 의미를 가진다면, 그것은 사회관계들의 총체에 민주주의 혁명의 확대를 그리고 급진적, 자유방임적, 다원적 민주주의의 획득을 가리키는 것이어야 한다."(무페, 1990 : 256)고 주장한다. 현실 사회주의가 몰락하고, 사회주의라는 용어가 파시즘/전체주의의 한 축으로 여겨질 만큼 그 효용이 의심스러운 현실에서, 자본주의에 의해 확대 성장했기 때문에 그 의미에 있어서는 오해나 의심의 여지가 없는, 그러나 그럼에도 불구하고 자본주의 하에서는 온전히 성취될 수 없는, 자본주의의 이념이면서도 자본주의를 내부에서부터 해체시킬 수 있는 '민주주의'라는 용어를 전략적으로 채택한 라클라우와 무페의 이론은 상당한 고민의 결과물이 아닐 수 없다.

그러나 적대의 헤게모니적 접합에 관한 급진 민주주의 논의는 다양한 비판에 직면하게 된다. 그 중에서도 물론 계급중심적인 이른바 정통 마르크스주의 진영의 반론이 가장 전면적이고 적극적이다. 예를 들어 제라스(Norman Geras)는 라클라우가 좌파의 정치를 파시즘과 공통된 것으로 보는 냉전적 사고에 사로잡혀 있으며, 마르크스주의가 필연적으로 권위주의적인 스탈린주의로 귀결된다고 파악하고 있다고 비판한다. 그 결과 민주주의가 마치 마르크스주의에 외재적인 것인 것처럼 주장하게 되며, 마르크스주의에 대한 편견과는 대조적으로 자유주의적인 견해를 열렬하게 옹호하는 것으로 결론 맺게 된다는 것이다(제라스, 91~92참조). 이러한 반론은 마르크스주의를 옹호하는 기존의 입장을 반복하는 데 그치게 됨으로써 더욱 생산적인 대화로 이어지지 못한다는 한계가 있다.

이에 비해 라클라우와 한때 우호적인 관계를 유지했다가 이제 격한 논쟁 후에 결별하게 된 지젝의 비판을 경청하는 것이 더욱 바람직할 것 같다. 다른 이론가들, 특히 정통 마르크스주의자임을 자처하는 이론가들과는 달리, 지젝은 실제로 라클라우의 논의를 가장 충실하게 이해하면서도 그의 논의 내부에서 문제를 지적하고 있기 때문이다. 지젝은 라클라우가 적대라는 개념을 발전시킨 것에 대해서 놀라운 경탄을 보내면서, 이를 사회적 관계 개념에 국한시킨 것을 아쉬워한다. 적대를 인간관계의 필연적인 불가능성, 혹은 인간의 존재론적 외상이라고 파악하는 지젝은 라클라우의 헤게모니 이론에 대해서 다음과 같이 비판한다. 즉, "라클라우의 헤게모니 이론은 오늘날의 특수하고 우연한 역사적 배치에 대한 이론인가? 그리하여 마르크스 시대에는 '계급 본질주의'로 충분했지만 오늘날 우리는 우연성의 완전한 단언을 필요로 하는 것인가? 아니면 그것은 역사성의 초월적 선험을 서술하는 이론인가?"

● 1968년 프랑스 혁명은 계급투쟁에 근거하지 않은 최초의 혁명 운동으로서 이후 마르크스주의자들에게 심대한 영향을 끼쳤다.

(지젝, 2009 : 430) 쉽게 말하자면 이 질문은 라클라우의 헤게모니 이론이 역사를 초월하는 것인지 아니면 우리 시대에 고유한 것인지를 묻는 것이다. 만약 역사를 초월하는 것으로 자신의 이론을 상정하고 있다면 그것은 '초역사적 관념론'의 혐의를 벗어나지 못할 것인데, 라클라우는 『헤게모니와 사회주의 전략(Hegemony and Socialist Strategy)』이라는 자신의 저서명에서도 알 수 있듯이, 자신의 헤게모니 이론은 포스트모던 시대라는 국면적 전환점을 맞이하여 채택한 일종의 개입 전략(strategy)이라고 밝히고 있다. 즉 자신의 저서는 "그 제목이 암시하듯 전략에 대한 성찰을 위해 착상되었음을 말해두고자 한다. 그 책은 마르크스의 예측에 역행하는 자본주의 체제의 발전상에 직면하여 제2인터내셔널 내의 고전적 마르크스주의 전략이 발견한 장애들을 고찰하는 것으로 시작한다"(라클라우, 2009 : 399)는 것이다.

그렇다고 문제가 끝나는 것은 아니다. 그의 이론이 우리시대에 고유한 것이라면 그것은 우리시대의 사회경제적 변화에 기인한 것일 테인데, 이 변화를 특징짓는 것은 바로 세계적 자본주의화, 다시 말해 자본주의적 국제 분업 형태가 아닐까 하는 점이다. 다시 문제는 '자본주의'인 셈이며, 자본주의적 계급관계가 여전히 해소되지 않은 채 남게 된다는 사실이다. 지젝은 이러한 사실을 정확하게 지적하고 있는데, 그에 따르면, "문제는 오늘날의 사회에서 이 '헤게모니적 정치형태의 일반화'가 정확히 어떤 지위를 가지고 있느냐는 것이다. 그것은 그 자체로 우연적인 사건, 헤게모니 투쟁의 결과인가, 아니면 그 자체로는 헤게모니적 정치 형태에 의해 규정되지 않는 어떤 기저의 역사적 논리가 가져온 결과인가? 여기서 나의 대답은 이 '헤게모니적 정치 형태의 일반화'는 그 자체로 모종의 사회경제적 과정에 의존한다는 것이다. '본질주의' 정치가 소멸하고 새로운 다양한 정치적 주체성이 번성하는 조건을 창출한 것은 '탈영토화'의 동학을 가진 오늘날의 세계 자본주의이다. 그렇다면 다시 한번 분명히 하도록 하자. 나의 논점은 경제(자본의 논리)가 어떤 식으로든 헤게모니 투쟁을 '제약하는' 일종의 '본질주의의 정박지'라는 게 아니다. 그 반대로 그것은 헤게모니 투쟁의 긍정적 조건이다. 그것은 일반화된 헤게모니가 번영하는 바로 그 배경을 창출한다."(지젝, 2009 : 431)

계급에 대한 논의에서 헤게모니에 대한 논의로 넘어갈 수 있도록 지형을 변화시킨 것이 바로 '자본'의 논리라면, 자본을 둘러싼 계급에 대한 논의는 여전히 중요할 수밖에 없게 된다. 라클라우는 계급을 '떠다니는 기표'에 비유함으로써 자본주의 자체를 문제삼지 않는 체제 내적인 변혁 운동에 머물고 있는 것이 아니냐는 비판에 직면하게 된다. 김정한의 지적처럼 라클라우는 "주어진 역사적 지평 내에서 전개되는 우연성(헤게모니적 실천)과 이 지평 자체를 구성하는 근본적 배제(계급투쟁)를 구별하지 못하기 때문"에 "오늘날의 민주주의는 계급 적대를 제거하는 한에서 헤게모니 투쟁의 전장"(김정한, 375)이라는 사실을 애써 외면하거나 이를 과소평가하게 되는 것이다.

비유적이긴 하지만 보편적 계급으로서의 '노동자 계급'을 거부하고 라클라우가 의지하는 것은 다소 낯선 주체들이다. 그에게 해방적인 주체는 룸펜프롤레타리아트(lumpenproletariat) 혹은 절대적 외부인("absolute 'outsider'")의 민중주의(populism)이다. 역사의 내부를 생산의 역사로 파악하는 마르크스주의는 역사의 장으로부터 룸펜프롤레타리아트를 배제하지만, 라클라우는 이에 반해 어떠한 종류의 약자라도 적대적 주체가 되기 위해서는 룸펜프롤레타리아트의 특징을 지녀야 한다고 주장한다(라클라우, 2005 : 144~152 참조). 그가 보기에 '인류의 역사는 생산의 역사'라는 일관성 있는 역사개념을 지지하는 마르크스주의자들에게 생산의 주체인 프롤레타리아트는 역사의 흠결없는 적통 계승자이기 때문이다. 이에 비해 지젝에게 전형적인 해방적 주체란 사회 체계 내에서 '비집단(nongroup)'의 형태로 존재하는 프롤레타리아트이다. 지젝에 따르면 프롤레타리아트는 사회에 포함되어 있으면서 배제된 '모순된' 집단으로 존재한다. 프롤레타리아트는 지배계급이 자기 자신과 자신들의 지배를 재생산하기 위해 필수적이라는 의미에서는 사회에 포함되어 있지만, 사회가 그들을 위한 적절한 자리를 찾아줄 수 없다는 점에서는 외부에 존재한다는 것이다(지젝, 2006 : 565 참조). 이처럼 극명하게 나뉘는 주장을 통해서도 알 수 있듯이 자본주의와 '계급'은 손쉽게 해결될 수 있는 것이 아니다. 자본주의적인 모순이 엄존하고 있는 현실에서 계급 문제에 대한 고려없이 변혁이나 혁명을 도모하기가 쉽지 않기 때문이다.

결국 문제는 다시 알튀세르로 돌아가는 것 같다. 알튀세르가 최종심급을 설정하고서도, 그러한 심급은 결코 오지 않는다고 주장한 것은 바로 이처럼 계급관계라는 것이 사회의 지배적 보편적 구조를 결정하면서도 계급 문제로 환원되지 않는 사회구성체의 복합성을 잘 알고 있었기 때문이다. 그런 점에서 보편성으로서가 아니라 비어있는 기표로서 여전히 유효한 결정성을 지니는 주인기표인 '계급'을 승인하는 지젝은 라클라우보다는 알튀세르의 입장에 더 가까운 것 같다.

새로운 실천론을 정초하려는 현대의 이론가들은 자본주의와 가장 적대적인 마르크스주의와 대면하지 않을 수 없으며, 이는 생각보다 녹록한 일이 아니다. 일례로 데리다는 "존재론, 철학 또는 형이상학 체계로서, "변증법적 유물론"으로서의 마르크스주의 및 역사유물론으로서 또는 방법으로서의 마르크스주의와, 또 당의 장치들과 국가장치들로 또는 노동자 인터내셔널로 합체된 마르크스주의와는 구별"되는 비판적이고 변화에 유연한 마르크스주의의 정신을 이어받아 새로운 인터내셔널(New International)을 기획하려 한다. 이를 위해서 데리다가 마르크스주의에 요구하는 것은 마르크스주의의 기본 개념들(변증법적 방법, 유물 변증법, 노동과 생산양식, 사회계급 등)과 장치들(노동자 운동 인터내셔널, 프롤레타리아 독재, 유일당, 국가 등)을 포기하는 것이다. 그러나 이러한 주장은 오히려 새로운 형태의 자본의 규제와 착취에 대한 분석과 문제의식이 부족하다는 지적을 받기도 한다.

마르크스주의와 대면하는 현대 이론의 다양한 양상들은 새로운 패러다임을 생산하면서 변화된 시대에 관한 통찰력을 제공하기도 하며, 스스로 한계를 노정하기도 한다. 이러한 시도들은 여전히 진행 중이며 쇄신을 거듭하고 있는 중이다. 라클라우의 이론 또한 이런 맥락에서 이해해야 할 것이다. 사회적 규범과 질서를 넘어서 지적이고 윤리적인 인식을 재구성하고자 하는 라클라우의 '급진적 민주주의론'은 지속적으로 변모하는 불평등과 종속관계, 그리고 이로부터 기인하는 다양한 층위의 억압과 적대를 부단히 사회 구성원들에게 각인시키고 이에 대한 비판적 인식을 제공하고 있다는 점에서 충분한 의의가 있다.

● 어네스토 라클라우(1935년 10월 6일 부에노스아이레스 출생)

 라클라우는 아르헨티나 정치 이론가로 종종 포스트마르크스주의자로 묘사된다. 그는 부에노스아이레스에서 역사를 공부했으며 1964년 부에노스아이레스국립대학(Universidad Nacional de Buenos Aires)을 졸업하고 에섹스대학(Essex University)에서 1977년 박사학위를 취득했다. 1970년대부터 에섹스대학에서 정치이론 교수를 역임하고 있으며, 거기서 그는 여러 해 동안 대학원 프로그램인 '이데올로기와 담론 연구(Ideology and Discourse Analysis)'와 '인문사회과학이론연구센터(Centre for Theoretical Studies in the Humanities and the Social Sciences)'를 창설하고 지도했다. '이데올로기와 담론 연구' 프로그램은 구체적인 정치적 현상에 관한 혁신적인 분석을 위해 라캉, 푸코, 데리다, 바르트 등을 연구하며 포스트마르크스주의 라는 독특한 유형의 담론 분석을 위한 적절한 연구틀(정치성, 담론, 헤게모니 같은)을 제공했다. 여러 해 동안 라클라우는 북미, 남미, 서유럽, 호주, 남아프리카공화국의 많은 대학에서 광범위한 강의를 해오고 있다. 가장 최근에는 미국에 있는 버팔로대학(SUNY Buffalo)과 노스웨스트대학(Northwestern Universities)에서 강의하고 있다.

실재계의 윤리와 민주주의적 실천

모피어스 : 이젠 믿겠나, 트리니티?

네 오 : 모피어스. 오라클이 말하길…

모피어스 : 오라클은 네게 필요한 말을 한 거야. 네오 너도 조만간 깨닫게 될 거야, 단지 나도 그랬지만, 길을 아는 것과 길을 걷는 것은 분명한 차이가 있어.

(영화 〈매트릭스〉 중에서)

건달과 바보

간단히 말해서 우익의 지식인은 주어진 현질서를 옹호하기만 하는 악당이고 순응주의자이며, 좌익의 "유토피아"적인 계획이 필연적으로 재난을 초래한다며 좌익을 비웃는다. 반면에 좌익의 지식인은 현질서의 거짓말을 공개적으로 드러내 보이지만 자신의 말의 실행력을 중지시키는 방식으로만 그렇게 하는 바보이고 궁중의 어릿광대이다. 오늘날 사회주의 몰락 이후 악당은 자유시장에 대한 신보수주의적 옹호자가 되는데, 그는 모든 형태의 사회적 결속을 비생산적인 감상주의라고 무참하게 거부하고 있다. 반면에 바보는 해체주의 문화비평가가 되는데, 그는 현존하는 질서를 '전복하기'로 정해진 놀이 방식들에 의하지만, 실제로는 그것의 보충물로서 일한다.

(지젝, 1998 : 45~46)

슬로베니아의 철학자이자 문화분석가로 잘 알려진 슬라보예 지젝(Slavoj Žižek)이 진단하는 우리시대 지식인의 모습은 이렇듯 '악당' 혹은 '바보'로 분류된다. 우익의 지식인은 자본주의의 전지구적 확장을 기획하는 신자유주의의 시장논리를 옹호하는 악당이다. 이러한 비유에서 알 수 있듯이 지젝은 악당이 아니다. 그렇다면 지젝은 바보와 한편인 것 같다. 왜 자신과 한편인 좌익 지식인을 바보라고 칭하는 것일까? 진보주의와 유사하게 쓰이는 좌익은 시장경제를 비판하고 사회적 계획 경제에 입각한 자유주의적 평등주의를 추구하는 세력을 의미한다. 이들이 바보인 이유는, 지젝에 따르면, 스스로는 사회비판적이며 체제 전복적인 존재라고 생각하지만, 실제로는 현존하는 질서의 보충물 정도의 역할밖에 못하기 때문이다.

사회에 대한 비판을 자유롭게 할 수 있다는 것은 역설적으로 그 사회가 비판에 대해서 관대한 민주적인 사회의 외관을 갖추고 있다는 것을 증명하기 때문이다. 수정주의적 독재사회나 일정정도의 민주적 시스템을 갖춘 사회에서, 진짜 위험한 사상이나 치명적인 비판이 아니라면 그것은 체제유지의 안전판 역할을 행할 뿐이다. 그 결과 사회에 대한 비판, 현존하는 질서의 거짓말을 폭로하는 것은 형식적으로 민주적인 사회 질서 내의 '진실게임'에 참여하는 것으로 전락한다. 게임의 참가자는 게임 내부에 있기 때문에 게임의 법칙을 파괴하지 못한다. 새로운 게임을 위해서는 축구장에서 공을 들고 냅다 뛰는 미래의 럭비게임 창시자가 될 수 있어야 한다. 그냥 맞은편 선수는 게임 내의 선수일 뿐이다. 바보는 자본주의 자유시장의 옹호자인 악당을 물리치지 못한다. 악당은 교활하고 꼼꼼하며 부지런하다. 바보스러운 정의로움과 우직함만으로는 악당을 당해낼 재간이 없다. 히말라야의 토끼는 계곡의 호랑이보다 강하지 않다. 그렇다면 지젝의 전략은 무엇인가?

국내외의 많은 선행 연구자들이 밝혀왔듯이, 지젝은 프랑크푸르트학파의 전통 속에서 독일의 고전철학과 프랑스의 현대이론들을 횡단하면서 철학, 정신분석, 문학, 영화, 음악 등 영역을 불문하고 정력적인 활동을 펼치고 있다. 그가 참조하는 텍스트들은 너무도 방대하고 다양해서 그의 이론을 체계적으로 이해하기란 쉽지가 않다. 그럼에도 불구하고 지젝의 텍스트들을 읽어가다 보면, 어떤 일관된 참조점 혹은 주제의식을 발견할 수 있는데, 그것은 라캉을 통한 헤겔의 재발견, 헤겔을 통한 라캉 다시 읽기라고 부를 수 있을 것이다. 헤겔과 라캉을 대화적으로 마주치게 함으로써 지젝이 생산적으로 전유하려고 하는 것은 바로 '실재계의 윤리'라는 낯선 용어이다. 용어의 낯설음 만큼이나 헤겔과 라캉의 마주침은 의외라고 느껴지는데, 통상 헤겔이 변증법적으로 잘 알려진 이성의 형성과 전개과정에 주목했다면, 라캉은 정신분석의 모든 작업이 그렇듯이 '무의식'의 형성과 내용에 주목한 이론가이기 때문에, 이 둘 사이에서 어떤 공통분모를 발견하거나 생산적인 대화를 유도해 내기는 쉽지 않아 보인다. 이처럼 지난해보이는 작업을 통해 지젝은 포스트모던한 지적, 문화적 경향과 신자유주의적 경제, 정치 질서라는 심연속의 난마들을 풀어헤쳐갈 이론적 무기를 제공하려 한다. 다른 한편으로는 과연 '바보'인 좌파 지식인들로 하여금 그들의 불명예스러운 꼬리표를 떼게 할 수 있을지를 지켜보는 것도 흥미로운 일이 될 것이다.

지금껏 지젝에 대한 국내의 소개나 연구는 라캉주의적 시각을 중심으로 진행되어온 것이 사실이다. 이러한 사실은 두 가지 흥미로운 현상을 드러내는데, 첫째는 좌파 지식인들의 정신분석학 혹은 라캉에 대한 거부감이다. 의식적 실천을 통한 즉각적인 사회변혁이 좌파 지식인의 우선적 과제라는 변

● 지젝은 현재 서구에서 가장 왕성하게 활동하는 이론가이다. 사진은 '월가를 점령하라' 시위현장에서 토론하는 지젝의 모습.

함없는 사실이, 정신분석학과 라캉이 주장하는 '무의식과의 대면'을 언제나 부차적인 것으로 치부하도록 만들었거나 혹은 최소한의 불편한 거리감을 지속하도록 만들었던 것이다. 그런 의미에서 지젝이 자신을 경유하여 라캉에 대한 관심과 연구의 필요성을 환기시킨 점은 좌파 진영에 지적 활력을 불어넣고 문제의식의 폭을 확장시켜준다는 점에서 긍정적이라고 할 수 있다. 둘째는 바로 라캉주의적 시각이 지닌 마르크스주의에 대한 편향된 시각이다. 일반적으로 국내의 지젝에 대한 논의에서 마르크스주의에 대한 비판을 많이 접할 수 있는데, 문제는 이들이 마르크스주의에 대한 주체적이고 독자적인 관점이 없이 지젝의 프리즘을 통과한 마르크스주의 비판을 무비판적으로 수용하고 있다는 점이다. 정신분석학과 마찬가지로 마르크스주의 또한 많은 변화와 쇄신을 겪어왔으며 아직도 그 도정에 있다. 그러므로 성급히 마르크스주의를 비판을 위한 대상으로 단순화하고 왜곡한다면, 그 또한 올바른 태도는 아닐 것이다. 따라서 이 장에서는 마르크스주의를 포함한 좌파 진영에 지젝이 전할 수 있는 교훈을 검토하면서 다른 한편으론 지젝 이론이 지닌 난점들을 고찰함으로써, 민주주의에 관한 좌파 진영의 생산적 논의를 촉발해 보고자 한다.

내 속엔 내가 너무도 많아…

　지젝의 이론은 전술했듯이 헤겔을 통한 라캉 다시읽기, 라캉을 통한 헤겔의 재발견을 목적으로 하고 있다. 프랑스의 동시대 지식인들과 마찬가지로 코제브의 헤겔 해석에 영향을 받은 알튀세르가 헤겔과 마르크스를 마주 세움으로써 헤겔과 마르크스 사이의 단절적 계기를 강조했다면, 헤겔에 대한 새로운 해석을 시도하는 지젝은 헤겔과 라캉을 나란히 세워 이들의 공통점에 주목한다. 비교를 위해 알튀세르의 헤겔 비판을 먼저 검토해 보자.

　알튀세르는 마르크스주의 변증법을 다음과 같이 정식화한다. 주요모순과 부차적 모순의 구별, 모순의 주요양상과 부차적 양상의 구별, 그리고 모순의 불균등 발전 등의 모순의 특수성에 대한 이론적 정식화. 알튀세르가 보기에 마르크스주의 변증법이 헤겔 변증법과 근본적으로 차별적인 점은 세계를 '모태' 혹은 '기원' 그리고 '목적'을 가지지 않는 '이미 주어진 하나의 구조화된 복잡한 전체'로 파악한다는 것이다. 헤겔의 변증법이 '두 개의 대립항을 지닌 단순한 과정'으로 근원적 통일성과 단순성만을 회복시키는 것을 원리로 삼는데 비해, 마르크스주의 변증법은 불균등하게 발전하는 모순들이 지배-종속 관계 속에서 통일을 이룬다는 것이다. "헤겔적 통일성이 한 단순한 통일성으로부터, 그 자체가 이데아의 발전의 한 계기인 한 단순한 원리로부터 소외된 발전"(알튀세르, 1990 : 203)이라면, 마르크스주의는 "모순의 존재 조건들의 모순 내의 반영, 즉 복잡한 전체의 지배 내 구조 속의 모순의 상황반영"(알튀세르, 1990 : 209)인 중층결정된 모순에 대한 이론이다. 알튀세르는 총체성을 헤겔의 범주로 보고, 전체를 마르크스의 범주로 본다. "만일 내가 마르크스에게 있어서 총체성이라는 범주보다 전체라는 범주를 선호한다고 한다면, 그것은 총체성이라는 범주 속에는 이중의 시도가 항존하기 때문이다. 즉 그 모든 표현들을 남김없이 포괄하는 현재적 본질로서 총체성을 간주하려는 시도와, 결국 마찬가지지만, 하나의 원이나 공간에서처럼 총체성에서 그 본질인 중심을 발견하려는 시도이기 때문이다."(알튀세르, 1991 : 150)라고 알튀세르는 설명한다. 알튀세르에게 헤겔의 총체성은 하나의 닫힌 체계로서 모든 현상들을 포괄할 수 있는 중심으로의 집중을 의미하는 하나의 원의 구조를 지닌다. 그래서 마르크스가 원의 비유를 포기하고 건물의 비유를 택한 것은 우연이 아니다. 토대-상부구조 모델은 토대의 결정 속에서 요소들의 불균등성과 단일한 원리로의 '환원불가능성'을 설명하는 것이다. 결정과 환원불가능성을 설명하기 위해 알튀세르는 마르크스의 건물비유에 더욱 정교한 설명을 첨가하는데, 그것이 바로 토대의 최종심급에서의 결정, 상부구조의 토대에 대한 '상대적 자율성'과 상부구조적 실천들 간의 '상대적 자율성', 그리고 상부구조의 토대에 대한 '반작용'이 그것이다. 상대적 자율성 개념은 사회의 각 영역들이 지닌 전체적 연관관계를 놓치지 않으면서도 그것들을 독자적인 특수성 속에서 파악할 수 있게 만들어준다. 알튀세르가 헤겔을 비판하고 마르크스주의를 속류로부터 구해내려 한 것이 '지배 내 구조'(structure in dominance) 속에서의 모순의 중층결정과 모순들 간의 환원불가능한 불균등성이었다면, 지젝이 헤겔과 라캉의 공통분모 속에서 얻으려 한 것은 무엇일까.

지젝에 따르면 "헤겔 변증법과 라캉의 '기표논리'는 동일 매트릭스의 두 버전"이다(지젝, 1991 : xix). 지젝은 헤겔에 반대하여 '부정 변증법'을 주장한 아도르노에서부터 포스트주의에 이르기까지 헤겔에 대한 통념적 해석이 지니는 문제점을 지적한다. 통념적 해석에 따르면, 헤겔이 특수성의 풍부함을 잘 설명하고 있음에도 불구하고, 변증법적 도정에서 "현상적 외부는 내적 개념의 자기—매개로 환원되고, 모든 차이들은 개념의 매개된 자기 동일성의 이상적 계기들로 가정되는 한 미리 '지양'된다"(지젝, 1991 : 61)는 점이다. 다시 말해 변증법적 지양은 그 과정에서 필연적으로 남겨진 어떤 잔여물이나 찌꺼기 혹은 잉여를 설명할 수 없음에도 불구하고, "절대관념의 자기—매개 속에서 모든 특수하고 우연한 내용들을 억압하고, 우리의 내적인 자유와 고유한 개별성을 '삼켜'버리려고"(지젝, 1991 : 61) 한다는 것이다. '동일성의 철학'이라 명명된 헤겔의 철학은 포스트모던한 지적 문화적 지형에서 언제나 공격의 대상이 되어왔지만, 그러나 지젝이 보기에 헤겔 철학의 매력은 동일성이 아니라 '부정성'에 놓여 있다. 헤겔의 일원론은 변증법적 과정에서 차이의 극복을 주장하는 것이 아니라 훨씬 극단적으로 존재의 부정성의 실현을 통해 정립될 수 있는 것이다.

『정신현상학』의 최종 순간에 도달한 이 '무'(nothingness)는 '개념은 존재하지 않는다', 혹은 라캉의 용어를 사용하자면 '대타자는 존재하지 않는다'는 사실, 즉 그것은 어떠한 실체적 내용도 없는 '죽은', 순수하게 형식적인 구조라는 사실의 다른 이름이다. [헤겔의] '절대적 일원론'에 대한 비난에 대한 대답이 여기에 있다. 우리가 개념에 현실적이고 실체적인 존재성을 부여할 때만—다시 말해, 위에서 설명한 지식과 존재 사이의 부정적 관계를 망각할 때만—헤겔은 '일원론자'로 보인다. 그러므로 이성과 현실성(Reason and Actuality)의 동일성에 관한 악명 높은 헤겔 공식은 통상적인 것과는 다르게 읽어야 한다. 그것은 이성도 현실성도 '즉자적'(in itself)으로는 존재하지 않는다는 것을 의미한다.

(지젝, 1991 : 67)

즉자적으로 존재하지 않는 이성과 현실이란 곧 주체에 의해 매개된 것이라는 의미인데, 주체에 의한 현실의 파악은 언제나 일면적이고 주관적일 수밖에 없다. 개념은 언제나 현실의 풍부함을 따라갈 수 없고, 오히려 현실을 고정시키고 추상적, 도식적으로 파악할 수밖에 없기 때문이다. 이것은 인간의 의식에 대한 현실의 우위성이라는 유물론적 전제를 의미하는데, 지젝에 따르면 "절대지의 위치, 최종적 협상은 헤겔적 '그것'(Thing)의 역할을 한다. 무시무시하고 우스꽝스런 괴물로 멀리하는 것이 좋은, 그리고 동시에 불가능하고(절대지는 물론 달성 불가능하고 실현할 수 없는 이상) 금지된(절대지는 피해야 할 어떤 것인데, 왜냐하면 그것은 개념의 자기-운동을 통해 삶의 풍부함을 손상시키기 때문이다) 어떤 것이다."(지젝, 2005 : 27) 정신의 변증법적 과정 끝에서 우리가 만나게 되는 절대지란 결국 우리의 이성이 현

실에 대한 파악에서 결국 '불가능성'과 '금지'만을 확인하게
된다는 슬픈 인식이다. 이렇듯 '절대지'는 정신의 변증법적
과정의 최종 순간, 즉 순수한 무와 일치하게 된 순간, 혹은
'지식과 존재의 일치 불가능성'을 깨닫는 순간을 의미한다.
결국 지젝에게 "대상을 개념으로부터 분리시키는 간극없이
주체는 존재하지 않는다. 대상과 개념 사이의 간극은 주체가
출현하는 존재론적 조건이다. 주체는 실체 내의 간극, 실체와
의 부적합성일 따름이다. 우리가 '주체'라고 부르는 것은 실
체가 스스로를 왜곡된 ("주체적인") 형태로 인지하는 관점상
의 환영이다"(지젝, 1991 : 131) 다시 말해 주체는 즉자적으로 존
재하는 타자를 대자적으로 인식함으로써 타자와의 관계 속에
서 자신을 파악하려 하지만, 이런 주체에게 되돌아오는 것은
타자에 내속해있는 '공허함'과 '텅빔' 뿐인 것이다. 주체에게
남은 것은 '타자와의 충만함이란 원래부터 존재하지 않는다'
라는 실존적 본질을 깨닫고 자신에게 되돌아오는 것이다. 우
리는 헤겔에게서 이러한 사실을 발견할 수 있다.

절대정신은 정점, 첨단에 이르러서만 그의 현존재적인
모습을 드러내거니와, 이 단계에 이르러서 절대정신이 포
착하는 자기 자신에 대한 순수지란 오직 대립이며 동시
에 자기 자체적인 교체, 변전일 뿐이다. 결국 자기의 순
수지가 한낱 추상적인 본질에 지나지 않음을 깨우치는

가운데 이 절대정신은 스스로가 지닌 절대적 개별성으로 서의 자신을 곧 본질이며 실재로 파악하는 지에 대한 절대적 대립 속에 자기의 의무가 주어져 있음을 깨우치게 된다.

(헤겔, 806)

이렇듯 정신의 과정 속에서 매 단계 주체의 의식은 자신이 깨달은 것이 더 높은 수준에서 언제나 부정됨을 경험하게 되는데, 이러한 부정성이 헤겔의 변증법을 추동하는 본질력이라고 할 수 있다. 부단한 부정성 속에서 '대립, 교체, 변전'의 과정을 거듭한 주체는 궁극적으로 대상과 조우하지 못하고 그 불가능성을 안고 정신의 과정만을 기억으로 남기고 자신에게 되돌아온다.

이러한 계기적 출현이 목표로 하는 것은 결국 깊숙이 잠겨 있는 정신의 참뜻을 현현, 계시하는 것이니 이러한 깊이를 간직하고 있는 것이 곧 절대적 개념이다. 따라서 이제 여기서 계시된다고 하는 것은 곧 정신의 깊이를 지양하는 것 또는 정신의 확장을 뜻하며 동시에 이렇듯 자기 내면에 존재하는 자아의 부정성으로서 바로 이 부정은 정신의 외화이며 또는 실체이기도 하다. (…중략…) 결국 여기서 목표로 하는 절대지 혹은 또 그 자신을 정신으로 깨우치게 된 정신은 이러한 그의 도정 속에서 등장하

는 뭇 정신이 그 자체에서 어떠한 것이며 또한 이 뭇 정
신이 이 정신적 왕국의 체계를 어떻게 완성시키고 있는
가 하는 데 대한 스스로의 기억을 간직하고 있는 것이다.

(헤겔, 959~60)

　지젝은 이와 같은 헤겔 독법이 라캉을 경유하고 나서야 가
능해졌다고 주장한다. 물론 이러한 발견은 정신분석학의 '무
의식'에 대한 정식화의 연장선상에 있다. 지젝은 "프로이트의
무의식 주체는 주체의 현상적 경험의 주요 양상이 접근불가
능하게 되었을 때 나타난다. 급진적으로 말해 무의식은 나의
현상적 경험을 조절하는 객관적인 기제가 아니라 접근불가능
한 현상이다. 인간의 주체성을 적절히 특징짓는 것은 내적인
삶과 외적인 행동을 구분하는 간극이며, 환상이 주체에게 접
근불가능하게 되었다는 사실이다. 주체를 빈 것으로 만드는
것은 바로 이 접근불가능성이다. 자기 자신과 자신의 내적 상
태를 직접적으로 경험하는 주체 개념을 완전히 전복하는 관
계를 우리는 획득할 수 있다. 비어있는, 비현상적 주체와 주
체에게 접근불가능한 채 남아있는 현상 간의 불가능한 관계—
바로 이 관계가 라캉의 환상 공식인 '$ \$ \diamondsuit a $'이다"(지젝, 2005 : 115)
　여기서 우리는 지젝이 헤겔과 라캉을 연결시키는 지적 배
경을 이해할 수 있는데, 이는 포스트주의로부터 집중 포화를
당하는 헤겔을 구함과 동시에 포스트주의와 라캉을 변별해내

기 위해서이다. 포스트주의가 공격으로 삼는 헤겔을 '동일성의 철학'이라는 오해로부터 벗어나게 할 뿐 아니라, 라캉과의 조우를 통하여 포스트주의의 주체이론과 현실관을 비판할 수 있는 공세적 진영을 형성하기 위해서이다.

지젝도 언급하듯이 주체의 불가능성이라는 정신분석학의 전제설정은 '상호이해를 지향하는 행위의 패러다임'을 강조하는 하버마스와는 극단적인 대척점을 형성한다. 하버마스는 사회의 진정한 변화는 사회적인 상호작용과정의 형식이 변화할 때에 진정으로 가능하다고 주장한다. 그가 일관되게 주장하는 '의사소통적 행위이론'은 "일상생활의 의사소통적 실천에 전제되고 있는 합리성의 조건들을 연구하고, 상호이해를 지향하는 행위의 규범적 내용을 의사소통적 합리성의 개념 속에 수용하는 것"(하버마스, 76)이다. 그러나 지젝이 볼 때, 이상적인 의사소통의 조건은 우리가 이미 실현하고 있다고 전제하지 않으면 안되는 이상으로서 마치 페티쉬와 같은 것이어서 우리가 대화를 시도하는 순간 부정되고 만다. 지젝은 라캉과 하버마스의 차이를 다음과 같이 설명한다. "라캉과 주체성의 궁극적인 지평으로서 상호주체적인 의사소통의 보편적인 매개를 받아들이는 하버마스 같은 사람의 차이점은 라캉이 보편성으로의 완전한 접근을 영원히 가로막는 특수자의 잔여를 강조한다는 사실에 있지 않다. 하버마스같은 철학자에 대한 라캉의 기본적인 반박은 그가 보편성(언어라는 중립적인 매체)으로 접근할 때 치러야하는 대가를 인정하지 못한다는 점이다. 이 대가는 다름 아닌 거세의 트로마, 주체이기도 한 대상의 희생, 완전한 주체에서 분열된 주체로 가는 과정이다."(지젝, 2005 : 190) 하버마스는 의사소통을 가능하게 하는 합리성의 조건들만 갖추어지면 상호이해가 가능하다고 주장하지만, 이는 주체의 불가능성에 대한 순진한 해법이다. 헤겔이 언급했듯이 "언어야말로 정신의 현존재"라면 언어는 이미 이데올로기적으로 중립적일 수가 없다. 주체가 된다는 것, 그것은 곧 그/그녀가 언어를 사용한다는 것을 의미하며, 이는 곧 상징질서 속에 편입된다는 것을 뜻한다. 주체의 불가능성은 언어적 존재로서 주체의 숙명과도 같은 것이다. "주체는 언어의 장벽에 의해 대타자, 진정한 타자로부터 결별한다"는 라캉의 주장은 고정된 기의에 안착할 수 없는 부유하는 기표라는 해체론의 언어이론과 유사하게 느껴진다. 언어 혹은 기호와 의미의 단절은 정신분석학과 해체론의 공통분모적인 출발점을 형성한다.

그러나 해체론을 포함한 포스트주의와 정신분석학은 명백하게 차이점이 있다. 포스트주의는 주체의 탈중심성, 기표의 불확정성을 통해 존재의 형이상학을 해체하고 온전한 존재가 아닌 '연기'와 '흔적'의 속에서 고정된 정체성을 해소시키는 (dissolve) 것을 목적으로 한다면, 라캉은 데리다가 해체하려고 하는 그 중심을 '보충'이라는 내용으로 다시 봉합한다. 다시 말해 라캉에게는 "보충이 곧 중심이다"라고 지젝은 「의미의 소멸」("Eclipse of meaning")에서 주장한다. 그는 먼저 헤겔 변증법으로 되돌아가서 포스트모던 이론가들은 변증법적 과정에서 소실과 부정성이 단지 비본질적인 것에만 적용되고 본질적인 것은 그 과정에서 살아남거나 오히려 강화되어, 절대지를 더욱 순수하게 만들어버린다고 헤겔을 비판하지만, 그러나 헤겔의 기본 전제는 본질적인 것과 비본질적인 것의 구분 자체가 언제나 실패한다는 것에 있다고 반박한다. 적절한 변증법적 전도의 중요 핵심은 본질적인 것과 비본질적인 것의 전환이다. '부정의 부정(negation of negation)'은 비본질적인 것을 희생하여 주체가 모든 것을 장악하는 것처럼 솜씨를 부리는 것이 아니라, 비본질적인 것을 희생한 후에 본질적인 것을 이미 잃어버렸다는 것을 알게 되는 무시무시한 경험을 상징한다. 헤겔의 논점은 주체가 부정성의 시련에 살아남는다는 것이 아니라 그 과정에서 효과적으로 자신의 본질을 상실하고 자신의 타자에게로 변화한다는 것이다. 이러한 헤겔적 변질(transubstantiation)이 주체와 본질을 구분하게 해주는 것이며, 주체는 자신의 본질적 동일시를 잃어버림으로써 살아남아, '이전 자아의 텅빈 껍질'로 계속 살아가게 된다.

데리다에게 주체는 언제나 실체(substance)를 남긴다. 반면 라캉에게 주체는 정확히 실체가 아닌 것이다. 데리다에게 주체 개념은 최소한의 본질적인 자기-동일시, 우연한 변화의 흐름 아래에 똑같이 남아있는 자기-현존의 핵심을 포함한다.

반면 헤겔에게 주체는 본질, 동일시의 핵심이 사건들에 의해 동요하고 있다는 사실을 의미한다. '실체의 주체가 되는 것(becoming-subject of the Substance)'은 끊임없는 중심의 대체, 구 중심이 달라진 구조적 원리에 의해 지배되는 새로운 총체성에 의해 종속적인 순간으로 변하는 것, 이러한 대체과정의 매체 혹은(그리고) 작동원리로 기능하는 텅빈 공간을 의미한다. 우리는 특수자의 풍요로운 내용에 추상적으로 반대되는 것이 아니라, 특수자의 자기-중재 혹은 자기-지양의 순간을 의미하는, 헤겔의 '구체적인 보편자'(보편자와 특수자의 통일체로서의)라는 잘 알려진 개념을 새롭게 해야 한다. 특수한 내용의 운동을 통해 스스로 재생산하는 살아있는 본질적인 총체성으로서의 구체적인 보편자라는 유기적 이미지가 지니는 문제는 그 속에서 보편자가 아직 대자적으로 설 수 없게 된다는 것이다. 주체의 출현은 이와 같이 특수한 내용과 반대되는 상황에서 그와 같이 보편자를 위치지우는 것과 관계가 있다. 다시 말해 주체의 출현이 중심적인 기표를 텅빈 것으로 위치 짓는 것과 관계가 있다는 것이다. 보편적인 기표가 어떤 특수한 내용과 이어진 탯줄에 의해서 더 이상 연결되지 않고, 특수한 내용에 의해 채워져야 할 텅빈 공간으로 경험될 때, 나는 비로소 주체가 된다(지젝, 2005 : 9장 참조). 텅빈 주체와 텅빈 타자, 이것이 바로 '실재의 사막'이다. 그러나 주체는 자신이 텅빈 존재라는 사실을 인식하지 못하는데, 그것이 바로 상징계가 은폐해야만 하는 주체의 본질이기 때문이다. 그렇다면 상징계는 어떻게 주체로 하여금 스스로를 충만한 실체라고 여기도록 만드는가. 이제 우리는 겨우 빨간 알약을 선택했을 뿐이다.

Eli, Eli, lama sabachthani? [1]

지젝은 자신의 작업을 "철학을 지식의 닫힌 공간에 묶어두지 않고 다양한 대중문화의 예를 통해서 철학을 외재화"시키는 것이라고 줄곧 말해 왔으니, 대타자를 설명하는 다양한 방법들 중에 영화의 예를 들어보자. 우리는 헐리우드 영화에서 상투적인 장면들을 많이 보게 된다. 추격장면에서 과일수레로부터 과일이 쏟아지고 그 주인은 거리 한가운데로 뛰쳐나와 주인공에게 욕설을 해댄다. 다시는 사랑을 하지 않을 거라 다짐하던 여인의 쇼핑백이 찢어지고 식료품이 어지러이 길바닥에 쏟아진다. 마치 그녀의 혼돈스런 마음을 상징하듯이. 그러면 양복입은 사내가 등장하고 … 이런 식이다. 영화 『스크림』은 할리우드 공포영화의 공식을 조롱하듯이 일일이 열거하고 있는데, 섹스하면 죽는다, 곧 돌아올게라고 말하면 죽는다, 샤워하면 죽는다, 경찰은 언제나 늦게 도착한다 등등. 영화 속

---

[1] 성경에 나오는 말로, "나의 하나님, 어찌하여 나를 버리셨나이까"라는 뜻의 히브리어.

이런 장면들이 우리 삶의 상징적 실체로 기능하는 대타자의 모습이다. 상징질서 속에서 우리가 자연스럽다고 여기고 기대하는 그런 '멜로드라마적' 모습들 속에서 우리는 대타자의 모습을 발견하게 된다. 지젝이 드는 또 하나의 예를 보자. 만약 승진을 앞둔 당신과 당신의 절친한 동료가 있다고 하자. 당신은 그 동료에게 "이건 옳지 않아. 이번엔 네가 승진해야 되는 건데. 내가 상부에 재고해보라고 건의해야겠어"라고 말해야만 그/그녀와의 우정은 지속될 수 있다. 이 때 당신이 당신 동료로부터 기대하는 대답은 "아니야. 능력있는 네가 먼저 승진하는 것은 당연해. 진심으로 축하하네" 정도일 것이다. 이것이 우리가 아름답게 우리의 우정을 유지해가는 방식이다. 물론 나는 상부에 보고할 마음조차 없지만, 그런 언술은 동료에 대한 걱정과 나의 승진을 승인해주기를 기대하는 마음을 동시에 함축하고 있다. 그러나 만약 나의 동료가 "그래. 내가 생각해도 부당해. 제발 건의해주게." 라고 말한다면? 혹은 내가 "내가 승진한 것은 너무도 당연해."라고 말한다면? 러시아 형식주의의 '낯설게하기'(defamiliarization) 혹은 브레히트의 '소격효과'(Alienation Effect)는 모두 일상적으로 자동화된 '멜로드라마적' 감각에 자극과 충격을 주기 위한 문학적 장치를 뜻한다. 일상적으로 자동화된 의식이 자발적으로 받아들이는 상징계의 지배 질서가 바로 '대타자'인 것이다.

라캉의 대타자는 알튀세르의 '대주체'를 연상하게 만든다.

알튀세르는 이른바 주체에 대한 지배이데올로기의 호명 기제로서 '대주체'라는 용어를 사용한다. 지배이데올로기가 지배적이 되기 위해서는 대주체의 역할이 절대적인데, 대주체를 통해 주체들을 자발적으로 복속하게 만들기 때문이다. 상징계가 대타자에 의해 기능하는 것과 지배이데올로기가 대주체를 통해 체현되는 것은 유사한 작동방식이라고 말할 수 있다. 비교를 위해 알튀세르의 이데올로기론을 좀더 면밀히 살펴볼 필요가 있다.

이데올로기는 자신의 존립을 위한 조건을 인식하고 있으며 그에 따라 특수한 논리를 펼치면서 실천적 역할을 행한다. 알튀세르에게 이데올로기는 단순한 허위의식이 아니라 한 주어진 사회 내에서 역사적 존재와 역할을 지닌 하나의 표상체계이기 때문이다. 이데올로기의 기본적인 역할은 현실적으로 존재하는 모순의 은폐에 있다. 이데올로기는 제멋대로 존재하는 무질서한 거짓말이 아니라, '고유한 논리와 엄격성'을 지닌 체계이며, 관념이나 개념에 뿐 아니라 이미지와 신화들에조차 자신의 존재를 숨기고 있는 파급력 높은 존재이다. "이데올로기는 그것이 반영된 형식을 통해 드러날 때조차도 지극히 무의식적이다. 이데올로기는 곧 하나의 표상체계이지만, 이데올로기의 표상들은 대부분의 경우 "의식"과는 아무 관련이 없다. 이데올로기의 표상들은 대부분의 경우 이미지들이거나 때로는 개념들이다. 그러나 이데올로기의 표상들은 무엇보다도

구조들로서 인간의 "의식"을 거치지 않은 채 대다수의 인간들에게 부과된다. 이데올로기의 표상들은 지각되고-수용되고-체험된 문화적 대상들이며, 인간이 알지 못하는 과정을 통해 인간에게 기능적으로 작용한다."(알튀세르, 1990 : 233) 개인은 이데올로기를 통하지 않고서는 세계를 체험할 수 없으며, 이데올로기는 개인이 세계를 체험할 때 세계 그 자체로서 개인에게 지각되고 수용된다. 지젝에게 주체가 실체적 개념이 아니듯이, 알튀세르에게도 구체적 개인에 의해 지지되는 구체적 주체라는 것은 존재하지 않는다. 주체라는 것은 이데올로기의 가장 기본적인 효과이다. 이데올로기는 자신의 물질적 장치(이데올로기적 국가장치)들을 통해서 개인을 주체로 '호명' 혹은 '징집'한다. 호명된 주체는 이데올로기에 종속되어 이데올로기를 보편적인 것으로 인지하게 되고 이를 대가로 주체로 보증 받는다. "기호가 없는 곳에는 이데올로기도 없다"(바흐친, 9)라고 말하는 바흐찐의 주장대로 인간의 언어와 의식은 이데올로기적 환경과 불가분의 관계에 있기 때문에, 주체는 세계를 체험하게 되자마자 이데올로기의 포로가 되는 것이다. 그러나 억압과 폭력을 통해서가 아니라 자발적으로 이데올로기의 명령을 수행하는 자유로운 주체로 호명되기 때문에, 주체는 이데올로기의 이데올로기적인 성격을 부인하고 자신의 종속을 인지하지 못하게 된다. 그래서 이데올로기는 그들의 실재 조건에 대한 개인들의 상상적 관계를 표현한다는 말이 성립 가능하게

● 알튀세르는 프랑스 철학자로 마르크스주의의 지속적인 쇄신을 요구했다. 그의
이데올로기론은 지젝의 이론에 많은 영향을 주었다.

된다. 알튀세르에 따르면 "이데올로기 안에서 인간은 실상 그들이 그들의 존재조건과 맺는 관계가 아니라, 그들이 그 관계를 체험하는 방식을 표현한다. (…중략…) 이데올로기는 인간이 그들의 세계와 맺고 있는 관계의 표현, 다시 말해 인간이 그들의 실제적 존재조건들과 맺는 실제적 관계와 상상적 관계와의 (중층결정된) 통일성이다. 이데올로기 안에서 실제적 관계는 어쩔 수 없이 상상적 관계, 즉 하나의 의지(보수주의적, 순응주의적, 개혁주의적 혹은 혁명적인) 이상을, 심지어는 실체를 묘사하지 않는 희망이나 향수를 표현하는 관계에 의해 포위된다."(알튀세르, 1990 : 233~34) 이와 같이 알튀세르의 이데올로기론 또한 생산관계의 생산과 재생산을 출발점으로 하고 있다. 인간을 출발점으로 삼아서는 안된다는 자신의 이론적 반인간주의를 실천적으로 증명하고 있는 셈이다. 그의 이데올로기론은 노동계급이 부르주아계급에게 지속적으로 억압과 착취를 당해야 하는 이유와 구조에 대한 보고서이다.

알튀세르의 이데올로기론은 사회의 다양한 기구들과 개인들을 지배 이데올로기를 위해 기능하는 필수적인 것으로 파악하여 기구들 간의 모순이나 국가와 기구들의 갈등을 과소평가하고 가변적이고 혁명적인 주체를 상정할 수 없는 기능주의적 이론이라고 비판받아 왔다. 그 결과 사회변혁을 위한 여지를 남겨두지 않는 일차원적이고 무계급적인 이론이며 구조주의적이고 패배주의적인 이론으로 폄하되어 온 것이 사실이다.

그러나 알튀세르는 재생산이 실현되는 곳은 생산, 유통과정 내이며 이데올로기는 효과로서 작동하는 것으로 파악했을 뿐, 인간과 사회적 기구들이 체제를 유지하기 위해 상보적으로 분포되어 있다고 말한 적이 없다. 주체를 기능의 담지자로 파악했다는 주장에 대해 그는 자본주의적 생산관계가 착취의 메커니즘을 통해 주체들에게 계급적 현실을 각인시키기도 한다고 주장한다. "단지 노동자들을 작업장에 집중시킴으로써만이 아니라, 그리고 단지 그들을 뒤섞어놓음으로써만이 아니라, 또한 그리고 무엇보다 (노동자들이 공동의 행위 속에서 그들의 주인에게로 되돌리기 위해) 감수하게 되는 끔직한 노동규칙과 일상생활을 그들에게 부과함으로써, 강제로 노동계급에게 계급투쟁을 가르치는 것은 생산, 즉 착취의 자본주의적 조직화이다."(알튀세르, 1991 : 174) 주체는 그에게 부과된 기능을 수행하는 존재이기도 하지만, 그 기능을 수행하는 행위 자체가 바로 계급적 착취를 목격하는 행위가 되기 때문에 언제나 계급투쟁을 위한 투사가 될 수 있는 것이다. 혁명적 의식은 자본주의적 생산관계 외부에서 학습되는 것이 아니라 그 생산관계 내부에서 획득되는 것이다. 그렇기 때문에 비판과는 달리 알튀세르의 이데올로기론은 일원론적이지 않다. 지배의 메커니즘을 밝히는 것은 피지배 이데올로기의 가능성을 역설적으로 드러내는 것이다. 알튀세르에 따르면 지배이데올로기를 가능하게 하는 이데올로기적 국가기구의 설치가 지난한 계급투쟁의 목적이자 결과이다. 더 나아가 알튀세르는 이데올로기가 계급투쟁을 목적으로 형성된 산물들 중의 하나이며, 이데올로기를 둘러싼 투쟁은 이데올로기를 넘어선 이데올로기 외부의 투쟁과 관련된 것이라고 보았다. 그는 "집권계급이 그 이데올로기적 국가기구 속에서 지배적인 것으로 만드는 이데올로기는 진정 이러한 이데올로기적 국가기구들 속에서 '실현'되지만, 그것들을 넘어선다. 왜냐하면 그것은 다른 곳으로부터 유래하기 때문이다. 마찬가지로 피지배계급이 그러한 이데올로기적 국가기구들 속에서 그것들에 대항하여 방어하는 데 성공한 이데올로기 또한 이데올로기적 국가 기구들을 넘어선다. 왜냐하면 다른 곳으로부터 유래하기 때문이다."(알튀세르, 1971 : 185)라고 말하면서 "이데올로기들이 '생겨나는' 것은 이데올로기적 국가장치들 속에서가 아니라 계급투쟁 속에 사로잡힌 사회계급들로부터, 그들의 존재조건, 실천 그리고 투쟁경험 등으로부터"(알튀세르, 1971 : 186)임을 강조한다.

이상에서 볼 수 있듯이 알튀세르에게 주체에 대한 이데올로기의 지배는 '잠재적 모순'을 지닌 현상이다. 지배이데올로기가 위장하고 있는 보편성과 일반성에 주체가 복종하려고 하면 할수록 그것의 허위성과 가상성은 폭로될 수밖에 없고, 그 때의 주체의 행위는 지배이데올로기에 반역적인 성격을 띨 수밖에 없다. 이는 지젝의 '분리의 철학'과 정확히 일치하는 문제의식이다. 그럼에도 불구하고 지젝은 알튀세르에 의존하려고하기 보단 라캉에 경도된다. 몰락한 현실사회주의와 전지구적 자본주의의 패권화라는 그의 이론적 개입 국면을 고려해 보건데 이해할 수 없는 것은 아니지만, 문제는 알튀세르에 대한 부당한 평가가 그대로 답습되면서 마르크스주의 일반에 대한 왜곡으로 이어질 수도 있다는데 있다. 국내의 라캉이나 지젝 연구자들 중에도 지젝의 알튀세르/라캉(소외/분리) 도식을 그대로 반복하는 경우가 있는데, 이는 바람직하지 못한 현상으로서 좀더 심도깊고 엄밀한 논의가 요청된다.

아무튼 지젝은 알튀세르에 대한 상투적인 비판을 계승하면서, 그의 이데올로기론이 기능주의에 빠진 결과 대주체의 꼭두각시로 전락한 주체의 죽음을 선언하고 있다고 비판한다. 지젝은 주체와 대주체 간의 관계설정을 변화시킴으로써 주체의 죽음이라는 난국을 돌파하려 하는데, 이때에도 지젝의 이론이 의지하고 있는 것은 라캉이다. 그에 따르면 주체와 대타자(대주체의 다른 이름) 간에는 동일시가 이루어질 수 없다. 주체는 결코 대타자의 호명에 적절하게 응답할 수 없고 대타자의 요구를 들어줄 수 없는데, 왜냐하면 주체는 대타자가 진정으로 바라는 것이 무엇인지를 모르기 때문이다. "주체는 항상 자신을 타자에게 나타내는 기표에 고정되고 매달려 있다. 바로 이 고정을 통해 그는 상징적 위임을 받고, 상징적 관계의 상호주관적 네트워크 속에서의 자리를 부여받는다. 핵심은 이 위임이 궁극적으로 항상 자의적이라는 점이다. 그 위임의 성격이 수행적이기 때문에 그 위임은 주체의 실제 속성이나 능력을 통해 설명될 수 없다. 그리하여 주체는 이런 위임을 부여받음으로써 자동적으로 "케 보이?"(Che Vuoi?, 무엇을 원하는가?) 즉 대타자의 질문과 마주치게 된다. 대타자는 주체가 이 위임을 부여받게 된 이유를 알고 있는 것처럼 말하고 있다. 하지만 이 질문은 당연히 대답될 수 없다."(지젝, 1989 : 113) 주체는 자신의 본질적이고 고유한 자질로 인해 대타자로부터 특정한 위임을 받는 것이 아니다. 따라서 그 위임을 완수한다고 해서 주체가 자신의 의미를 알 수 있는 것이 아니다. 그렇다면, '왜 나인가' 라고 대타자에게 질문을 해도 만족한 대답을 얻을 수 없을 것이며, 혹은 위임의 수행을 통해 '나는 누구인가'를 알아내려고 해도 주체 스스로가 자신의 정체성을 알아낼 수는 없을 것이다. 결국 주체와 대타자의 동일시는 성공적인 것이 아니라, 정반대로 거의 언제나 실패하게 되어있는 것이다. 이 실패한 동일시가 바로 '소외'의 철학에서 '분리'의 철학으로 진전하게 만드는 핵심 키워드라고 할 수 있다. "주체가 라캉이 "분리과정"이라 부르는 일종의 "탈소외 과정"을 성취할 수 있는 것은 바로 대타자 속에 있는 결핍 때문이다. (…중략…) 대타자 속에 있는 이러한 결핍은 주체에게 말하자면 숨쉬는 공간을 마련해 준다. 결핍은 주체에게 기표 속에서의 완전한 소외를 피할 수 있게 해 주는데, 그것은 이 결핍을 채움으로써가 아니라 주체 자신의 결핍을 대타자 속에 있는 결핍과 동일시하게 함으로써 가능하다."(지젝, 1989 : 122) 앞장에서 고찰했던 헤겔의 '부정의 부정'이 '탈소외'의 가능 조건으로 재등장한다. 역설적으로 들릴지 모르겠지만 지젝이 보기에 주체의 결핍과 대타자의 결핍을 인식하는 것은 주체를 체념에 빠지게 만드는 것이 아니라 "해방"을 성취하고 새로운 열정을 지니게 만든다. 지젝의 표현대로 하자면 그것은 "타자의 변덕이라는 지배로부터 우리를 해방시켜 욕망을 향한 길을 열어놓는다."(지젝, 1991 : 265)

그러나 소외로부터의 분리가 용이한 것만은 아닌데, 그 이유는 분리를 불가능하게 만드는 '환상'의 개입 때문이다. 주체와 대타자가 실제로는 동일시 될 수 없음에도 불구하고, 주체에게 대타자와의 동일시는 언제나 성공적인 것처럼 느껴지는데, 그 때가 바로 '환상'이 개입하는 시점이다. 환상은 대타자, 상징적 질서가 근본적 불가능성에 의해 빗금 그어져 있으며, 불가능한 트로마적 중핵과 중심적 결여를 중심으로 구성되어 있다는 사실을 은폐하며, 대타자, 상징적 질서에 주체가 안착하도록 만드는 핵심적 기제이다. 환상은 부조리하고 비체계적이고 실체가 없는 환각같은 것이 아니다. "환상은 우리의 욕망을 구성하고 그 좌표를 제공해 준다. (…중략…) 환상은 형식적인 상징적 구조와 우리가 현실에서 만나는 대상의 실증성을 중재한다. 다시 말해 환상은 "도식"을 제공한다. 그 도식에 따라 현실의 실증적인 대상들은 형식적인 상징적 구조가 열어놓은 빈 자리들을 채움으로써 욕망의 대상으로 기능한다."(지젝, 1998 : 7) '상징적 구조'와 '대상의 실증성'은 분리되어 있지만 이들 사이를 환상이 도식을 제공함으로써 중재하는데, 환상이 제공하는 도식을 다른 말로 표현하면 '횡이데올로기적인 핵심'이라고 할 수 있다. 다시 말해 이데올로기적 동일시는 대타자(대주체)의 호명에 자발적으로 응하는 주체에 의해서가 아니라 이데올로기와 동일하지 않다고 생각하는 그 때 발생한다.

‘모든 것이 이데올로기는 아니며, 이데올로기의 가면
하에서도 나는 인간적인 사람이다’라는 것이 바로 이데
올로기의 형식이고, 그것의 “실제적인 효과”이다. 가장
전체주의적인 이데올로기의 구조조차도 면밀하게 분석해
보면 그 안에 있는 모든 것이 이데올로기가 아님을 불가
피하게 드러내 보여준다. (…중략…) 모든 이데올로기의 구
조에는 일종의 횡이데올로기적인 핵심이 있는데, 그 이유
는 만일 어떤 이데올로기가 작동되어 효과적으로 개인들
을 붙잡으려면 권력에 대한 합법화를 주장하는 단순한
도구로 환원될 수 없는 어떤 종류의 횡이데올로기적인
비전을 살찌게 하고 교묘하게 다루어야 하기 때문이다.
요점은 … 어떤 이데올로기를 작동시킬 수 있는 그러한
횡이데올로기적 핵심을 참조해야만 한다는 것이다.

(지젝, 1998 : 21)

주체가 스스로를 이데올로기와 분리되어 있다고 느끼게 만
드는 것, 횡이데올로적인 핵심이 주체로 하여금 특정 이데올
로기와 동일시되도록 만드는 것, 그것이 바로 환상의 고유한
이데올로기적 기능이다. 이데올로기 내에서 환상의 역할은 특
히 포스트시대를 살고 있는 주체를 설득력있게 설명해낸다.
주체가 이데올로기를 ‘자발적으로 내면화’한다는 알튀세르의
주장은 ‘냉소주의’로 특징화되는 포스트시대 주체를 설명하기
에 적합하지 않다고 지젝은 판단한다. 주체가 이데올로기로부

터 명백히 거리를 두고 있다는 입장을 취함으로써 오히려 이데올로기에 사로잡힌다는 것이다.

포스트시대가 되면서 절대적 권위는 조롱의 대상이 되었고, 권력이든 종교든 교육이든 이제 보편적 가치가 존재한다거나 투명한 객관성이 가능하다고 주장하기 어려운 시대가 되었다. 그러나 과연 포스트주의자들이 주장하듯이 이러한 시대적 현상이 탈권위와 탈냉전, 탈이분법적 사고를 유발하여 우리에게 폭넓은 다양성을 인정하고, 나와 이질적인 존재나 판단에 대해서 수용적인 태도를 취할 수 있게 만들어주었는가. 지젝은 포스트주의자들의 장밋빛 전망과는 다르게 포스트시대에도 여전히 혹은 더욱 인종주의와 성차별, 계급갈등 등이 끊이지 않는 현상, 부조리하고 불합리한 관례나 규범, 제도들이 여전하다는 사실에 주목한다.

지젝은 상징적 법과 그 외설적 이면이라는 대타자의 양면성에서 해답을 찾고 있다. 법은 외견상 가장 정의롭고 공정해 보이지만, 실제로는 가장 범죄에 대해서 잘 알고 있으며 죄인에 대해서는 그/그녀가 저질렀던 것만큼이나 비인간적인 형벌을 가하게 된다. 민주주의 국가가 채택하고 있는 법치주의를 나타내는 '법은 법이다'라는 말은 동어반복 같아 보이지만, 앞의 법이 자유와 정의, 평등을 상징한다면, 뒤의 법은 완고함, 잔인함, 폭력성을 상징한다고 볼 수 있다. 그것은 마치 기독교에서 그 어떤 것보다도 '하나님이 제일 무서워'라고 말할 때 지상의 그 어떤 폭력과 공포, 두려움의 대상도 하나님 앞에서 시시하게 변해버리는 것과 같다. 하나님 자신이 사랑과 외경이라는 이질적인 자질로 분리되어버리는 것이다. 프로이트는 후기 저작에서 초자아와 이드의 근친성에 관해 언급하고 있는데 이는 법과 외설스러운 초자아의 관계와 유사하다. 프로이트는 「문명 속의 불만」에서 초자아가 바로 내면화된 공격 본능이라고 설명한다. 금지된 원망이 지속되는 것을 초자아한테는 감출 수 없기 때문에 양심의 형태로 자아에 대해 가혹한 공격성을 발휘하는데, 이 공격성이 바로 '전능에 대한 자아의 오랜 원망'을 충족시켜준다. 즉 초자아의 작동기제가 바로 공격 본능이라는 이드 에너지를 기반으로 하고 있다는 것이다. 이처럼 초자아의 곤궁은 상징계로 주체가 진입할 때, 자신이 버려두고 온 원초적 욕망(그것이 무엇인지는 알 수 없지만)에 대한 죄의식과 관련이 있다. 따라서 주체에게는 명시적 '법을 준수하라'는 에고적 명령과 '너의 욕망을 향유하라'는 초자아적 요청이 동시에 접수된다. 이러한 이중성이 대타자가 주체를 호명하는 방식이다. 대타자의 이러한 양면성을 오늘날의 냉소주의자들은 보지 못한다. 이들은 자신을 호명하는 대타자의 이데올로기로부터 스스로 거리를 두고 있다고 여기고 공적인 법을 공공연하게 불신하지만 이 명시적인 법이 저속한 초자아의 보충물을 이면에 간직하고 있다는 사실을 보지 못하기 때문에 법의 기저까지 붕괴시키지 못한다. 다시 말해

이 저속한 기저에 퍼져있는 향유가 환상 속에서 구조화되는 한, 명시된 이데올로기 텍스트의 환상적 배후 즉 환상을 냉소주의자들은 깰 수가 없다는 것이다.

이처럼 냉소적인 거리와 환상의 상호의존 혹은 공존이 바로 '향유(jouissance)'의 이름으로 자행되고 있는 인종청소와 포스트시대의 병리적 사회현상에 대한 지젝의 대답이다. 지젝은 냉소주의와 아이러니를 비교하면서 자신의 논의를 더욱 선명하게 끌고 가는데, 그에 따르면, "오늘날 전형적인 주체는 어떠한 공적 이데올로기에도 냉소적인 불신을 가장하면서 아무 거부감없이 대타자의 극단적인 향유의 형태, 편집증적인 환상에 몰입하는 주체라고 할 수 있다. 냉소주의자가 실제적으로 감금되어 있다는 사실을 지칭할 수 있는 가장 좋은 용어는 아이러니이다. 냉소주의의 기본적인 태도는 권위를 일종의 포즈로만 반박하는 것이다. (…중략…) 반대로 아이러니스트는 이러한 냉소적인 자세가 그들의 겉으로 드러난 태도를 실제로 반영하는가를 의심하는 것이다. 아이러니스트는 이러한 거리의 표면이 사실상 더 깊은 [대타자에 대한] 헌신을 감추고 있다는 것을 의심한다. 냉소주의자가 신성한 권위의 포즈를 재빨리 반박한다면, 아이러니스트는 이 가장된 무관심과 냉소 안에 숨겨져 있는 진짜 헌신을 파악할 수 있다."[2] (지젝, 2005 : 305)

---

[2] 아이러니에 대한 지젝의 강조는 루카치의 『소설의 이론』을 연상시킨다. 헤겔 철학을 미학적 문제에 적용한 책으로 널리 알려진 이 책에서 루카치는 현대문학의 대표 장르인 소설이 아이

환상은 상징질서의 비일관성을 은폐하고 이데올로기적 호명을 효과적으로 작동하게 만드는 이데올로기내의 또 다른 기제인 것이다. 주체의 입장에서 보면 환상은 욕망의 실현을 의미한다. 그러나 이때의 욕망은 주체가 진정 원하고 알고 있는 욕망이 아니라 환상이 알려주고 욕망하도록 가르치는 욕망을 의미한다. 고정관념과 편견, 주어진 도덕적 강요로부터 자유롭다고 믿는 사람들이 오히려 내적 금지와 장애에 사로잡혀 있음을 보여주는 것, 자유로움을 즐긴다고 믿는 바로 그 순간이 불행을 향해 다가가는 모습임을 깨닫게 하는 것, 거짓 욕망에 사로잡힌 주체에게 '너 자신의 욕망에 충실하라'고 주문하는 것, 이것이 바로 현대의 병리적 주체에게 전하는 정신분석학의 교훈인 것이다.

러니의 형상화를 통해 서사시 시대의 잃어버린 총체성을 구현하고 있다고 주장한다. 루카치는 "소설에 있어서 작가가 신에 대하여 획득하게 된 자유, 즉 아이러니는 형상화에 객관성을 부여하는 선험적 조건인 것이다. 아이러니는 직관적인 이중의 시각으로서, 신으로부터 버림받은 세계가 신에 의해 충만되고 있음을 볼 수 있는 능력이다. 아이러니는 막강하지만 아무런 가치가 없는 신의 피조물에 대해 인간이 벌이는 나약한 반항이 모두 실패로 끝나버렸다는 것을 보고 즐거워하는 창조주의 악의적 기쁨과, 아직도 이 세상에 도래할 수 없는 신의 이루 표현할 수 없는 높은 고뇌를 형상화한다. 아이러니는 마지막 한계에 도달한 주관성의 자기지양으로서 신이 없는 세계에서 얻을 수 있는 최고의 자유인 것이다."(Lukács, 92)라고 적고 있는데, 헤겔주의를 도입한 지젝과 루카치 모두 아이러니를 강조하는 것은 흥미로운 대목이라고 할 수 있다.

"대타자는 없다"라든가 "아버지의 부재" 혹은 "진정한 성관계란 없다" 등은 상징 질서에 종속된 주체들의 믿음의 근간을 뒤흔듦으로써 상징계의 실상을 전하려는 라캉의 의도를 가장 함축적으로 표현한 말들이다. 지젝은 여기에 '적대'라는 용어를 첨가하는데, 포스트―마르크스주의 용어인 '적대'는 지젝에게 상징계의 불가능성을 설명하는 또 다른 이름이며, 상징 질서가 대타자라는 아버지의 이름을 통해 결국 은폐하고자 하는 궁극적인 모순을 설명하는 용어이다. 마르크스주의 진영에서 '적대'라는 용어는 상당히 많은 논란을 야기했는데, 그 이유는 라클라우와 무페가 이 용어를 통해 마르크스주의의 중요 개념인 '모순'이라는 용어를 대체하려고 했기 때문이다. 앞 장에서 상세히 논의했듯이, 모순 대신에 적대라는 용어를 채택하는 라클라우와 무페의 전략에는 토대로서의 경제 결정론을 기본 모순으로 하는 고전적 패러다임을 폐기하고, 경제에 대한 과도한 집착을 버림으로써 사회의 전영역에 걸친 '적대관계'라는 개념을 통해 투쟁을 전면화하고자하는 목적이 깔려있다.

지젝은 라클라우와 무페의 적대개념을 라캉의 실재개념과 유사한 것으로 파악한다. 지젝은 주체를 이미 고정된 것이 아니라 담론 과정에서 우연성에 의해 생산된 일련의 특별한 주체위치들로 파악한 점을 긍정적으로 파악하면서 여기서 한걸음 더 나아가 "항상 실패하는 상징화라는 트로마적인 핵심, 주체를 적대와의 대면에서 그리는 '구조의 빈 공간'으로서의 라캉적인 주체 개념"과 연결시킨다.

주체와 주체위치들 사이의 차이점을 설명하기 위해서 계급적대의 경우를 생각해보자. 계급들 간의 관계는 라클라우-무폐적인 개념에서 적대적이다. 이것은 모순이나 반대를 의미하는 것이 아니라, 각각(자본가든 프롤레타리아든)이 다른 한쪽이 자신의 실체성을 성취하지 못하게 하는 둘 사이의 불가능한 관계를 설명한다. 이데올로기의 호명 속에서 내가 나를 프롤레타리아라고 인식하자마자, 나의 인간적 잠재력을 실현시키지 못하게 나의 완전한 발전을 가로막는 자본가에 대항해서 싸우는 사회적 현실에 가담하는 것이다. 이 주체위치에 적합한 이데올로기적 환상은 어디에 있는가? 그것은 나를 나 안의 실체성을 성취하지 못하게 하는 자본가, 외부적인 적이라는 사실에 놓인다. 환상은 적대적인 적을 소멸시킨 후에 마침내 나 안의 실체성에 도달할 것이라는 것에 있다. 성적 적대관계의 경우도 마찬가지이다. 가부장적인 남성 쇼비니스트 억압에 대항하는 페미니스트 투쟁은 후에 가부장적인 억압이 해소될 때, 여성은 마침내 여성들 안의 완전한 실체를 성취하고, 인간적 잠재력을 실현할 것이다 라는 환상에 의해 채워진다는 것이다.

(지젝, 2005 : 273~74)

　지젝이 이해한 적대 개념은 "나 안의 실체성을 성취하지 못하게 하는 것은 외부의 적이 아니라, 모든 실체성은 이미 불가능성에 의해 특징지워지고 한계지워진다는 것"을 의미한다. 이를 위해 지젝은 '현실 속의 적대적 투쟁'과 '순수적대'를 구별한다. 그에 따르면 "우리는 사회적인 것의 한계, 사회 영역이 구조화되는 불가능성이라는 극단적인 형태로서의 적대를 적대적인 주체위치들 간의 관계라는 적대로부터 구분해야 한다. 라캉 용어로는 우리는 실재로서의 적대를 사회적 현실의 적대적 투쟁과 구분해야 한다. 라캉의 주체개념은 순수 적대성을 상징적 영역이 주체의 실체성을 획득하지 못하게 하는 내재적 한계, 자아-봉쇄, 자아-금지로서 경험하는 것을 정확히 목적으로 한다."(지젝, 2005 : 276) 사회의 적대적 투쟁은 주체의 구성적 불가능성을 은폐하는 기제이며, 주체의 불가능성의 원인을 외재화함으로써 내재적 난국에 대한 인식을 차단한다는 것이다. 앞서 설명했듯이 개인은 상징계에 진입하는 순간 주체가 되면서 자신의 실체를 포기할 수밖에 없다. 주체라는 개념 자체가 자신의 실체로부터의 멀어진 채, 상징질서의 욕망을 자신의 것인 양 오인한 채 이를 추구하는 존재라는 의미를 함축하고 있다면, 적대는 이러한 주체의 가련한 존재성을 은폐하고, 주체의 불가능성을 적대적 관계에 있는 대상에게 투사하여 자신의 욕망을 충족하는 상징질서의 기제를 의미하는 것이다.[3] 사회적 투쟁과 운동을 전방위에 걸쳐 진행하고자 고안되었던 라클라우-무페의 적대라는 용어는 지젝이 '순수 적대'라는 층위를 설정함으로써 상징질서 내의 주체의 불가능성을 은폐하는 의미로 변질되어 버렸다. 주체가 자신의 순수 적대적인 존재론적 본질을 깨닫기 위해서는 상징질서 내의 적대적 대상에게 자신의 잃어버린 실체성에 대한 책임을 물을 것이 아니라, 주체적 존재 자체가 실체를 담보로 상징질서와 맞바꾼 결과임을 깨달아야 한다. 그러므로 문제는 언제나 '내 안에 있는 나보다 더한 어떤 것' 다시 말해 '내 안의 낯선 이방인'을 성찰할 수 있어야 한다는 것이다. 여기서 다시 개별자의 특수성에 대한 지젝의 각별한 강조를 확인할 수 있다.

---

[3] 이런 의미에서 상징계 내에서의 현실적 적대는 '환상'의 또 다른 이름이다. 지젝은 환상의 두 가지 측면에 대해서 말하면서, 주체가 이데올로기 속에서 지니는 환상 또한 '반대되는 것들의 종합'(coincidentia oppositorium)이라는 두 가지 측면을 가지고 있는데, 아름다움과 안정적인 기능의 환상과 질투와 이로 인해 나를 괴롭히는 안정적이지 못한 환상으로 나뉜다고 설명한다. 파시즘이나 유대주의의 경우 이러한 환상의 두 가지 측면이 공존해 있는데, 가령 나치주의의 인민공동체나 스탈린주의의 신인간사회의 건설같은 환상은 동시에 유대인의 피, 배반자에 대한 집착같은 환상에 의해 지지되고 있다는 것이다. 이데올로기의 작용방식도 환상의 방식과 같은데, 이데올로기는 자신의 입장을 확고히 하기 위해 다른 입장을 비난하는 태도를 취한다는 것이다. 즉 이데올로기의 구성은 항상 다른 이데올로기의 비하를 통해서만 가능하다는, 결국 적대의 외재화를 통해 자신의 불가능성을 은폐하고 있다는 것이다.

실재계의 사막에 오신 것을 환영합니다

이제는 SF 환타지 영화의 전설이 되어 버린 〈매트릭스(Matrix)〉에서 '매트릭스'는 정확히 지젝이 상징계라고 부른 현실세계를 상징한다. 3편에 이르기까지 등장인물들이 수도 없이 되뇌이는 것은 "나는 누구인가?"(Who am I?)와 "실재란 무엇인가?"(What is the real?)라는 존재론적 질문이다. 인간의 생체 에너지를 이용하여 구축된 디지털 가상세계 '매트릭스'의 허구성을 폭로하고 이 세계를 붕괴시키려는 트리니티, 모피어스, 네오는 흡사 정신분석가의 모습을 닮아있다. 매트릭스의 진실을 네오에게 알려주기 위해 모피어스는 파란색과 빨간색 두 개의 알약을 준비한다. 파란색을 선택하면 '믿고 싶은 것을 믿으며' 계속 살게 되고, 빨간색을 선택하면 진실을 볼 수 있게 된다. 진실은 우리가 믿고 있는 것과 한참이나 동떨어진 것이다. 우리가 믿고 싶어하는 이 세계가 정상이라면, 진실의 세계는 『이상한 나라의 앨리스』에서 그려지는 '이상한 나라'(Wonderland)처럼 낯설고 엉뚱한 세계이다. 뭔가 세상이 잘못되었다는 느낌에 이끌려온 네오에게 선택은 이미 하나이다. 마치 '돈과 목숨 중 하나를 내놓아라. 선택은 자유다'라고 말하는 강도 앞에선 피해자처럼 네오도 자유선택의 앞에 선 것처럼 보이지만 선택은 결정되어 있다. 네오가 매트릭스가 무엇인지 묻자 모피어스는 '사방에 있는 것, 방안에도, 창밖에

● 영화 〈매트릭스〉는 현실세계의 실상이 우리가 알고 있는 것보다 훨씬 더 끔찍할 수도 있다는 것을 보여준다.

도, TV에도, 출근할 때도, 교회갈 때도, 쇼핑을 하거나 세금낼 때도 있는 것' 그러면서 '진실을 못 보도록 눈을 가리는 것'이라고 대답한다. '무슨 진실'이냐고 묻자, '네가 노예라는 진실, 네 마음의 노예'라고 답한다. 이보다 더한 상징계에 대한 설명이 또 있을까. 빨간색 알약을 선택한 네오에게 보여지는 삶의 실상은 끔찍하다. 그래서 모피어스는 이렇게 말하지 않던가. "실재의 사막에 온 걸 환영합니다."(Welcome to the desert of the real.)

지젝 자신도 물론 이 영화를 자주 언급하고 있으며, 이 영화의 대사들과 단어들을 자신의 글에 상당히 많이 인용하기도 한다. 만약 우리가 살아가는 상징계가 은유적으로 영화의 모습과 닮았다면, 우리는 매트릭스를 어떻게 탈출할 것인가. 무엇이 우리의 빨간색 알약이 되어줄 것인가. 라캉주의자 지젝의 해답은 '실재계의 윤리'이다. 물론 영화에서처럼 시온(Zion)의 세계가 따로 존재할 리는 없다. 현상계 너머 초월적 세계가 존재한다는 모든 생각은 관념론이거나 관념론의 일종인 종교일 뿐이다. 그렇다면 '실재계의 윤리'라는 말로 지젝이 상징계 내의 주체들에게 전하는 메시지는 무엇인가.

이미 고찰하였듯이 지젝은 라캉을 포스트주의적 이론의 한 종류로 이해하는 것을 극도로 경계하고 있다. 물론 이때 지젝이 염두에 둔 것은 후기 라캉이다. 지젝이 볼 때 초기의 라캉이 상상계와 관련하여 상징계에 경도되었다면, 후기에 와서 상징계와 관련하여 실재계의 중요성을 제기하는 방식으로 이론적 변모를 겪었다는 것이다. 다시 말해 초기 라캉이 주체의 욕망을 구성하는 상징계의 권능에 집착을 보였다면, 후기에 와서는 상징계로부터 주체가 어떻게 분리될 수 있는가라는 '주체의 윤리' 문제를 탐색하게 되었다는 것이다. 지젝은 이를 '분리의 철학'이라고 부르는데, 그에 따르면, 알튀세르는 주체의 이데올로기로부터의 소외를 강조한 반면, 라캉은 주체가 상징계의 소외로부터 어떻게 분리되는가를 보여준다는 것이다. (앞서 언급했듯이 마르크스주의자인 알튀세르에게 당면한 문제의식은 자본주의로부터 사회주의로의 이행이 왜 실패하고 있는가에 대한 해답을 찾는 일이었다. 자본주의적 착취 억압이라는 불평등 관계가 엄존한 현실임에도 자본주의의 모순이 해결되지 않는 이유 중 하나로서 알튀세르는 이데올로기에 의한 주체의 호명과 그에 대한 자발적 복속을 제시하고 있는 것이다. 이러한 문제의식의 맥락을 탈각하고 단순히 알튀세르의 이론이 소외의 이론이라고 비판하는 것은 문제의 소지가 있다고 밖에는 말할 수 없다. 아무튼) 라캉에게도 물론 이러한 주체의 분리가 손쉽게 이루어지는 것은 아니다. 주체를 주체이게끔 하는 것, 다시 말해 한 개인을 주체로서 살아가게 만드는 것이 바로 상징계이기 때문이다. 생물학적 실존적 실체인 개인이 주체가 된다는 것은 많은 의미를 함축한다. 앞서 언급했듯이 개인이 상징계로 진입하는 순간, 개인은 주체가 된다. 주체가 된다는 것은 바로 상징계의 질서와 가치, 관습 및 정서를 자신의 것으로 받아들이도록 요청받는 존재가 된다는 것이다. 그리고 이런 진입은 개인이 언어를 습득하는 순간과 일치하며 주체가 된다는 말은 따라서 '언어적 존재', 다르게 표현하면 '기표적 존재'가 된다는 의미를 함축한다. 라캉의 "기표로 태어남으로써 주체는 분열된 채 태어난다"(라캉, 199)는 말이 정확히 시사하는 바가 이것이다. 그러므로 개인이 상징계에 진입하는 순간, 다시 말해 주체성을 획득하는 순간을 트로마적 소외의 순간이라고 말할 수 있다. 개인은 상징계에 진입하기 위해 필연적으로 무엇인가를 남겨둘 수밖에 없는데, 그 알 수 없는 무엇이 바로 '오브제 a'라는 것이다. 이 '오브제 a'를 정의내리기는 상당히 어렵다. 왜냐하면, 우리가 그것을 언어로 표현하려고 하는 순간 그것은 다시 상징화되어 더 이상 그 원래적 의미를 상실하기 때문이다. 그것은 상징적 의식에 포섭된 주체들에게 의식되지 않는, 언어로 표현될 수 없는, 따라서 부재의 형식으로만 파악될 뿐인 그 무엇이다.

여기서 우리는 칸트의 현상계/실재계 구분을 연상할 수 있다. 칸트는 현상계의 인식 너머 우리가 파악할 수 없는 인식적 한계의 범위를 설정하고, 인간 이성의 가능성을 현상계에 한정했다는 점에서 의미가 있지만, 실재계를 현상계와 완전히 분리시키고 초월적인 것으로 파악했다는 한계를 지닌다. 실재계를 천상의 어딘가로부터 끌고 내려와 현상계의 이면(혹은 내면), 현상계와 맞닿아있는 접점에 그것을 위치시킨 사람은 다름 아닌 바로 헤겔이다. 앞서 언급했듯이 실재계란 허상적 현실과 대비되는 충만한 그 무엇, 절대적 의무와 지의 세계가 아니라, 비어있는, 공허한 그 무엇이다.[4] 그러므로 이 '오브제 a'는 상징질서를 절대화하고 보편화하려는 모든 시도들에 필연적 균열과 틈새를 의미하며, 그것을 망각함으로써만 상징질

---

[4] 칸트처럼 실재계를 충만한 세계로 파악하는 순간 그것은 종교의 또 다른 모습으로 변질한다. 그 결과 칸트의 『판단력 비판』은 결국 정언명령의 요청자로서 '신'을 확정하는 작업으로 귀결되었다.

서를 유지시키는 그 무엇이다. 그것은 어느 누구도 그것이 무엇인지 알 수 없으며, 따라서 아무도 말할 수 없는 그 무엇이다. 실재가 상징계에 내재한다는 라캉의 주장을 상기할 필요가 있다.

　상징계의 틈과 균열은 필연적으로 상징적 대타자의 위치를 불안하게 만든다. 라캉이 '아버지의 이름'이라 칭한 상징질서의 법칙은 그야말로 다중적이다. 상징질서 속의 주체는 대타자의 부름에 기꺼이 응하지만, 실상 주체는 대타자의 욕망을 알지 못한다. 주체는 대타자의 욕망을 욕망하지만, 헤겔의 주체-대상 관계에서 보았듯이, 결국 대타자는 주체에게 안정적이고 바람직한 자신의 욕망을 제시할 수 없는 것이다. '음란한 법', '법과 초자아 사이의 대립'이라는 말로 라캉이 강조하고자 하는 것이 바로 이러한 대타자의 욕망과 주체의 욕망 사이의 영원한 이율배반이다. 대타자를 상징적 중심으로 하여 주체들이 불가능성을 특징으로 조직되어있는 곳, 이곳이 라캉이 상징계라 명명하는 매트릭스의 세계이다. 매트릭스의 세계에 속한 사람들은 그것이 환영인지 실재인지 구분하지 못한다. <애니 매트릭스>에서 볼 수 있듯이 완벽해 보이는 매트릭스의 세계도 가끔씩 허점과 균열을 보이지만, 그것은 재빨리 다시 복구되고 원상태로 되돌아간다. 불행히도 우리는 허상과 실상을 구별할 수 있게 만들어주는 알약을 가지고 있지 못하다. 오히려 우리에게는 『멋진 신세계』의 '소마'라는 약물이 끊임없이 주입되고 있을 뿐이다. 대타자의 행복을 나의 행복으로 오인하도록 만드는 상징계의 욕망 구조와 분연히 절연하는 방법은 실재계의 윤리와 대면하는 방법밖에 없다. 주체가 상징계에 머무는 한 그/그녀는 분열된, 탈중심화된 주체라기보다 '죽은' 주체이다. 지젝이 '유령', '뱀파이어', '좀비', 'living dead' 등의 표현을 자주 사용하는 것도 바로 이러한 주체 자신의 본연의 욕망을 망각하고 대타자의 욕망에 자신의 욕망을 귀속시키는, 그리하여 자신이 무엇을 원하는지도 알지 못하고 살아가는 모습을 묘사하기 위한 것이다.

그러나 상징계적 주체가 실재계의 윤리를 대면하기란 결코 쉬운 일도, 의식적 노력과 훈련을 통해서 가능한 것도 아니다. 그것은 마치 '애피파니'(epiphany)처럼 돌연 다가왔다가 사라지는, 찰라의, 일시적인 경험을 의미한다. 그것은 상징질서를 바로잡는 상징계 내에서의 운동이나 실천을 의미하는 것이 아니라, 상징계와의 단절을 의미하는 윤리적 결단을 의미한다. 그것은 지배 이데올로기로부터 대항 이데올로기로 나아가는 도정이 아니라, 모든 이데올로기와의 단절을 촉구하는 것이며, 정치적으로 특정한 입장에 동조하는 것이 아니라, 어떤 정치적 당파나 행위와도 무관한 개인적 결단과 규범을 강조하는 것이다. '윤리 그 자체를 위해 행사되는 윤리'라는 칸트적 맥락의 자율적 주체만이 사회적 질서와 구조 관계로부터 구원된다.

 새로운 민주주의와 헤게모니

지젝은 라캉의 '실재계의 윤리'에 대한 두 가지 방식의 오독에 대해서 언급한다. 이 두 방법의 기저에는 다음과 같은 전제가 깔려 있다. 즉 "우리는 불만족스럽게 욕망을 유지해야 한다. (…중략…) 정신분석 치료의 목적은 주체로 하여금 영웅적으로 자신의 구성적 결핍을 받아들이도록, 욕망을 추진하는 분열을 인내하도록 설득하는 것이다. '승화'의 가능성을 통해 이러한 교착상태에서 생산적으로 빠져 나올 수 있다. 경험적 실증적 대상을 고르고 그것을 물자체의 존엄으로까지 고양시킨다. 즉 그것을 불가능한 물자체의 대용물로 바꾸는 것이다. 이렇게 함으로써 우리는 물자체의 치명적인 소용돌이에 빠지지 않고 자신의 욕망에 충실하게 된다."(지젝, 2005 : 207) 이러한 자유주의적 실용주의적 접근법은 그럴듯해 보이지만 오히려 주체를 현실을 둘러싸고 있는 실재라는 물자체로부터 분열시키는 결과를 낳는다. 한편으로는 우리의 현실이 병리적이므로, 현실적 이해관계를 초월하여 물자체를 추구하도록 종용하고, 또 다른 한편으로는 물자체로부터 거리를 두라고 요청한다. 이러한 관념론적 오독의 반대편에 전체주의적 접근법이 있다. 물자체를 규제적 이상으로 두지 않고,[5] 현실에 그것을

---

[5] 지젝은 '다가 올(to come) 민주주의', '다가 올 자유'처럼 현재에 구현될 수 없고 언제나 전미래적인 암시를 가진 규제적 역할에 방점을 둔다. 마치 '소풍 전날'처럼 실현되지 않았을 때 더 큰 힘을 발휘하며, 실현되었다고 믿는 순간 규제적 힘을 잃어버리는 역설적인 역할을 의미한다. 지젝이 "주체는 자유를 성취하려고 노력해서는 안 된다. 그는 단지 그렇게 되기를 원하는 노력을 해야 한다."(the subject is *not* obliged to make an effort to deliver himself, just an

완전히 실현하려고 함으로써 무시무시한 폭군이 된다는 것이다. 이런 관념론의 양극단과 라캉을 구별하기 위해서 지젝은 "욕망과 그 구성적 결핍에 대한 이러한 관념론적 문제틀에 우리는 드라이브의 실재라는 유물론적 문제틀을 대립시켜야 한다. 다시 말해 라캉에게 실재란 칸트적인 방식에서 순전히 부정적인 범주, 무언가 초월적으로 존재하는 것을 구체화하지 않은 채 한계로 설정된 것이 아니다. 드라이브로서 실재는 그와 반대로 "욕망하는 행위자 혹은 충동적 힘"이다."(지젝, 2005 : 9장)라고 주장한다. 정신분석학이 유물론적 함의를 지니는 것은 '드라이브'라는 실제적 힘에서 나온다. 드라이브는 관념에 대해서 '육체'를 강조하는 것이며, 이 때 육체란 내가 알 수 없고 정의내릴 수 없는 '내 안의 나보다 더한 어떤 것'을 의미한다. 드라이브는 규제되고 구조화된 상징계의 환상적 욕망과 대비되는 것으로서 상징계 이전의 전이데올로기적인 향락에 대한 욕망을 의미한다. "향락의 중핵을 추출하는 것, 이데올로기가 환상 속에 구성된 전이데올로기적 향락을 함축하고, 조작하고, 생산하는 방식을 절합하는 것"(지젝, 1989 : 125)이 바로 상징계의 도덕을 초월하고 이와 단절하는 실재계의 윤리인 것이다. 이 윤리적 주체의 다른 이름이 바로 앞에서 고찰했던 '부정의 부정'을 통해 되돌아온 헤겔적 주체이다.

---

effort to *want to do so*)(지젝, 1991 : 264)라고 말하는 이유도 바로 이것이다.

 새로운 민주주의와 헤게모니

　　결국 실재계라는 것은 '알 수 없고 말할 수 없는 진실' 같은 신비주의적 실체가 아니라, 상징적인 진실이 '모든 것은 아니라는'(not-all), 그리고 상징질서의 진실은 실패를 내재하고 있다는 사실을 드러내게 만드는 것이다. 그것은 주체로 하여금 대타자의 명시적 법과 그 이면의 향유에 대한 음란한 초자아적 명령으로부터 벗어날 수 있는 구조적 가능을 의미하기도 한다. 그것은 본능적 욕구 충족의 순환에 닫혀있는 '상징계 이전'으로 회귀하자는 퇴행적 주장이 아니다. 아직은 상징화 되지 못한, 그래서 상징질서의 금지에 의해 유지되는 욕망이 아닌 욕망의 우주, 더 정확히 충동의 우주이다. 그것은 불가능의 세계라고 괄호쳐둔 초월적 세계가 아니라, 상징계를 둘러싸고 있는, 상징계를 통해서만 구현되는 현세적 세계이다. 이것은 상품화에 저항하는 상품으로서의 모더니즘 미학이나, 루카치의 아이러니적 주체인 마성(demon)적 인물, 혹은 다시 <매트릭스>로 돌아가 보면 매트릭스의 업그레이드를 위해서 남겨두지 않으면 안되는 시스템 해커의 역할을 하는 네오와 친화력이 있지 않은가. 결국 지젝이 라캉을 통해 강조하는 것은 끊임없이 상징 질서를 교란하는 어떤 충동적 힘에 대한 찬미이며, 그 결과로 발생하는 균열과 틈을 통해 상징 질서의 허구성과 그 속에서 발생하는 다양한 충돌과 투쟁의 양상들을 파악할 수 있기를 지젝은 희망한다. 하수정의 지적처럼 "실재를 파악하는 것은 우리가 살고 있는 현실이 그다지

"믿을만하지 않다"는 가정에서 비롯되며, 그것은 곧 현실에 대한 지속적인 자기반성과 더욱 섬세한 "해석을 넘어선 횡단"을 요구한다."(186) 결국 실재계는 충돌과 투쟁의 역동적 현실에 대한 인식의 가능성을 뜻한다. 이는 단지 관념적 승화나 초월주의적 자세의 문제가 아니라, 대타자를 향한 영원한 투쟁의 철학적 승인이며, 이것이 변증법적 유물론으로서 정신분석학이 윤리적이라고 불릴 수 있는 이유인 것이다.

새로운, 그러나 알 수 없는…

언제까지 벼랑 끝에 배를 붙이고 심연을 내려다보고 있을 수는 없다. 나아가기 위해서는 끊긴 길 앞에서 두 눈을 감고, 두 귀를 닫고 자신의 본질을 향해 어느 순간 훌쩍 뛰어내리지 않으면 안된다. 그리고 뛰어내려 본 사람은 알게 될 것이다. 있는 것과 없는 것 사이의 심연 속에 현실보다, 현실의 현실보다도 더 강한 구름의 다리가 있다는 것을. 자신의 숲을 향해 가는 구름처럼 가벼운 구름의 다리…

(전경린, 「염소를 모는 여자」, 75쪽)

지금껏 고찰했듯이 지젝은 정신분석학의 윤리를 실재계와 관련시켜 논의한다. 상징계가 어떤 막다른 길에 봉착했음을

알려주는 위상학적 윤리 범주가 실재계라면, 정신분석학은 상
징계의 핵심에 가하는 일종의 타격이다. 정신분석학에 대한
오래된 오해 중의 하나는 정신분석 치료가 흔히 환자들을 다
시금 사회의 기능에 맞게 '건전한 시민'으로 바꿔놓는 일이
아닌가 하는 것이다. 이에 대해 지젝의 대답은 '아니오'이다.
그에 따르면 "정신분석학의 목표는 '아버지의 이름'과의 "성
공적인" 동일화를 이루는 것이 결코 아니다. 반대로 정신분석
학의 목표는 분석자로 하여금 "아버지냐, 더 나쁜 것이냐"(le
père ou le pire)의 양자택일에서 "더 나쁜 것"을 선택하도록 권
하는 것이다. 다시 말해 욕망의 막다른 길(impasse)을 선택함으
로써, 욕망의 구성적 불가능성을 완전히 수용함으로써 증상으
로서의 아버지를 해체하는 것이 정신분석의 목표이다."(지젝,
1991 : 267) '증상으로서의 아버지를 해체'하는 것은 상징계에
온전히 뿌리내리는 '건전한 시민'이라기보다는 불온한 시민,
시민권을 반납하는 시민이다. 역사와 전통이라는 이름으로 강
요된 삶의 양식과 주어진 사회적 관습과 규범을 그 기저에까
지 회의하고 의심하는 주체를 만드는 것이 바로 정신분석학
의 목표인 것이다. 그렇다면 '아버지의 해체'의 정치적 함의
는 무엇인가. '개흘레꾼' 아버지의 무능하고 비루한 모습을
통해 전통권 권위의 허약함과 허구성을 묘파한 김소진의 소
설(「개흘레꾼」)이나, "아버지, 아버지…… 씹새끼, 너는 입이 열
이라도 말 못해"(「그해 가을」)라며 현대의 허위적 삶과 존재의

미망함을 노래한 이성복의 시구절을 통해서 우리는 아버지 죽이기의 정치적 의미를 가늠해 볼 수 있다. 정작 자신은 발기불능의 임포 상태이면서 개들의 교미를 도우며 삶을 연명하는 개흘레꾼 아버지나 충격적이기까지 한 아버지에 대한 욕설(어찌보면 이 싯구가 가져다주는 불편함과 민망함이 상징 질서를 뒤흔드는 출발점이 아닐까)은 80년대라는 독특한 남한 현대사를 배경으로 해서만 이해가 능하다. 80년대 우리는 군사독재라는 '아버지'와 치열하게 싸웠지만, 결국 우리가 원했던 것은 '레닌'이나 '김일성' 등의 또 다른 아버지가 아니었을까. 군사독재가 몰락하고 아이러닉하게도 현실 사회주의 국가들이 붕괴하자 소위 '민주화 투쟁'의 주역들은 심리적 공황에 빠지게 된다. 그리고 소기의 민주화가 이루어지자마자 그들 중 상당수가 정치권에 들어가 그들의 투쟁의 대상이었던 자들의 오류를 답습하고 있다. 김소진과 이성복의 문학은 바로 80년대의 이런 자화상에 대한 뼈아픈 성찰은 아닐까. 그리고 이런 성찰이 바로 지젝이 말한 '아버지의 해체'와 연관이 있는 것은 아닐까.

> 자유―자본주의 이데올로기의 명백한 세계적인 승리를 앞에 두고, 정치적 운동은 그것이 분열할 때 승리한다는 헤겔의 격언을 다시 떠올려보는 것이 훨씬 생산적일 것이다. 자유민주주의가 승리하는 순간, 즉 공산주의 "악

의 제국" 속에서 구현된 외부의 적이 붕괴하는 순간이
그 자체로 자신의 내적 한계와 대면하는 순간이기도 하
다. 왜냐하면 자유민주주의 자체의 결함이 더 이상 "그
들"과의 비교에 의해 용서되지 않는다. 동구뿐만 아니라
서구에서도 알랭 바디우가 정교화한 의미의 "사건"인 새
로운 정치적 운동들을 이미 목격하고 있다. 기존의 이데
올로기적 틀에 통합될 수 없는 어떤 것의 출현, 그것이
무엇의 징후인지 그들 자신도 알지 못한다는 점에서, 그
래서 종종 과거의 언어에 의지하곤 한다는 사실이 입증
하는 새로움의 징후 말이다. 녹색운동을 언급하는 것만으
로도 충분하다.

이 새로움은 새로운 형태의 정언명령, "너의 행위가 결
코 자본의 자유로운 순환과 재생산에 방해되지 않도록
행하라!"를 따르길 거부하는 다양한 형식들에서 발견된
다. (…중략…) 정신분석학은 그 어느 때보다 이 자본의 순
환에 맞설 수 있는 가능한 저항의 영역을 규명할 책임을
지고 있다.

(지젝, 1991 : 270~71)

지젝의 정치적 입장은 이렇게 분명한 것 같다. 상징계를 하
나의 불가능성으로서, 대타자와 주체를 빗금친 존재로서 파악
하는 라캉을 고스란히 수용하는 지젝의 논의는 파시즘/전체주
의라는 그의 정치적 이론적 배경을 고려해 볼 때, 충분히 납

득할 만하다. 동구의 좌파 지식인으로서 그가 목도한 현실의 가장 근원적 모순 중 하나는 바로 스탈린주의가 조국 슬로베니아에 남겨준 전체주의의 상처가 아니었을까. 사회주의나 마르크스주의를 공공연하게 지지하거나 표방할 수 없는 트로마적이고 병리적인 역사의 기억이 그로 하여금 라캉에게로 눈을 돌리게 하고, 특정한 정치체제가 아니라 '자유민주주의'라는 일반론을 피력하게 한 것은 아닐까. 그리고 신자유주의라는 전지구적인 획일적 자본주의의 확산에서 그는 파시즘/전체주의의 망령을 본 것은 아니었을까. 지젝이 라캉을 경유하여 헤겔에게서 결국 구해내려고 했던 것이 '동일자'가 아니라 '특수자'라는 사실도 이러한 그의 이론적 개입지점과 무관하지 않은 것 같다. 이 '특수자'는 '자본의 자유로운 순환과 재생산의 순환을 거부'하는 다양한 형태의 운동이며, 이는 명백히 반자본주의적임에도 불구하고 공산주의라는 틀로는 담아낼 수 없는 '새로운 사건'들을 포함한다. 그리고 이 새로운 사건이 '충동'의 정치적 이름일 것이다.

물론 새로운 사건들은 이제 출발점에 서 있으며, 자본주의의 광포한 흡입력과 저항력에 맞설 수 있을지도 알 수 없다. 참여 주체들의 윤리적 결단력과 열정적 헌신 정도에 따라 기존의 이데올로기 체계에 다시 종속될 수도, '그들 자신도 알 수 없는' 진정 새로운 사건이 될 수도 있다. 지젝이 예로 든 '녹색운동'만 하더라도 과거의 언어에 의탁하는 새로운 사건인지, 자본주의 체제 내의 개량주의적 운동인지 아직 단언할 수 없다. 지젝이 강조하는 '자본주의의 순환과 재생산에 대한 거부'는 당위론적으로는 지극히 정당한 것이지만, 이러한 당위론적 요청에 머무르고 만다는 것이 그의 이론의 한계처럼 느껴지기도 한다. 녹색운동을 진정 새롭게 만들기 위해서는 잉여가치의 창출을 위한 자본의 무한 경쟁과 그에 따른 삶의 터전으로서의 자연의 파괴, 그리고 그 국제적 양상으로서의 (신)제국주의라는 마르크스주의적 패러다임이 여전히 필요하다. 지젝의 이론이 일어난 일에 대한 분석에 있어서는 탁월하지만, 일어날 일에 대해서는 추상적인 논의 이상을 말하지 못한다는 혐의를 지울 수 없는 것은 혹시 정신분석학을 자신의 이론적 기반으로 삼은 필연적 귀결이 아닐까. 그가 말하는 '윤리'가 복잡다단한 현실적 사회관계의 필요한 국면에서 어떻게 올바른 판단을 내릴 수 있는가에 대한 연결고리를 마련하지 못한다면, 이데올로기적 무능력을 노정하지 말라는 법이 없다는 사실을 우리는 고려해야 한다.

또한 고려해야할 것은 윤리의 의제 설정이 개인을 필연적으로 도구화하고 개인의 희생을 기반으로 하는 전체주의에 대한 반성적 무기로서 역할을 할 수 있겠지만, '개인'에 대한 강조야 말로 가장 자본주의적인 것이 아닌가하는 점이다. 윤리적 개인이 가족을 포함하여 다양다종한 사회적 조직과 대면했을 때, 단지 단절감, 초월적 자세 혹은 의연한 개인적 결단을 넘어서는 것 이상을 보여주지 못한다면, 철저하게 개인화된 방식과 세계의 무의미성에 개입하지 않으려는 태도는 부르주아 사회의 극단적 개인주의를 의미할 뿐이다. 또한 체제 자체, 토대의 변화를 추구하지 않는다는 점에서 역설적으로 체제옹호적인 것이 된다는 혐의에서 자유로울 수 없을 것이며, 이는 지젝이 '바보'라고 불렀던 좌파 지식인들의 오류를 그 자신이 반복하는 것이 될 것이다. 이는 새로운 사건들을 체제와 연결시키지 않으려는 지젝의 극단적인 반체제적 경향과도 무관하지 않다.

상징계를 하나의 병리적인 것으로 추상화, 일원화하는 것도 문제의 소지가 있다. 상징질서를 바꿔보려는 주체의 눈물겨운 노력, 헌신, 열정, 희생, 조직 운동과 연대 운동 등 이 모든 것이 실재계의 윤리 앞에서는 대타자의 대리 욕망으로 환원된다. 물론 지젝은 상징계 내에서의 주체의 실천을 무의미하다고 보지 않는다. 오히려 지젝은 윤리적 주체가 실재계를 경험하고 난 이후 상징계에서 살아가게 될 마음자세나 실천이 그 전과는 당연히 달라지게 될 것이라고 주장한다. 그러므로 윤리적 요청은 '정치의 윤리화'라는 궁극적 모토에 있어서는 분명 긍정적 기여의 가능성도 있을 것이지만, 그래서 이론의 직접적 효용성 운운하는 것이 또 다른 기능주의 혹은 행동주의적 편향이라고 반론을 당할 수도 있겠지만, 주체의 윤리적 태도라는 추상적 당위 이외에 정신분석이 제공할 수 있는 이론적 기여는 별로 없을 것 같다.

오히려 지젝 자신도 의식하고 있듯이 "정신분석학에 대한 일반적인 생각은 그것이 냉소주의를 분석의 자세로 삼고 있다고 생각하는 것이다. 정신분석학적 해석이 영혼적 숭고함의 고상한 태도, 영웅적인 자기희생의 배후에 있는 저속한 동기를 발견하는 행위에 가담하지 않는가?"(지젝, 2005 : 305~06)라는 질문에 성급하다고만 말할 것이 아니라, 적절한 대답을 할 수 있어야 하겠다. 상징계 내부의 갈등과 투쟁에서 지배이데올로기와 대항이데올로기를 설정하고, 대항이데올로기의 힘겨운 가능성과 국가권력을 둘러싼 투쟁의 필요성을 주장하는 알튀세르의 논의에는 실재계를 따로 상정할 필요가 없다. 그에게는 뚜렷하게 대항이데올로기에 대한 지지가 있기 때문이다. 그러나 지젝의 상징계−실재계의 이론 체계 속에서 위의 투쟁은 상징계 내부에 함께 갇히게 되고 대항이데올로기마저도 환상에 사로잡힌 것으로 비판된다.

예를 들어 위니바고 종족에 대한 레비−스트로스의 분석에 대한 지젝의 설명을 보자. 레비−스트로스는 이 종족에게 마을의 그림을 그리게 했는데 그것은 두 가지로 분류될 수 있었다. 한쪽은 신전을 중심으로 주민들의 집이 둘러싸여 있는 것으로 묘사한 반면, 다른 쪽은 보이지 않는 경계선으로 거주지를 명확히 구분해서 묘사했다. 이 뚜렷한 대조를 지젝은 객관적으로 드러낼 수 없고 상징화할 수 없는 근본적인 적대, 트로마적 핵심을 함축한다고 설명한다. 다시 말해 좌파는 근본적 적대가 사회 속에서 내면화되어 있다고 보고 우파는 외부인에 의해서만 사회는 깨어지는 유기적 연합체로 보고 있는데, 이러한 적대에도 불구하고 사회가 유지되는 이유는 레비-스트로스가 도입한 개념인 'zero-institution'[6] 때문이라는 것이다. 이는 규정적 의미를 결여한 텅빈 기표(라캉의 주인기표(master-signifier), 혹은 S_1)로서, 사회적 질서를 제어하는 기능을 가진 비규정적, 순수 부정적 상징화를 의미한다. 지젝은 늘 이런 식이다. 근본적 적대에도 불구하고 민족과 국가의 정체성이 형성 유지되는 원인에 대한 설명이 그의 관심사이지, 적대의 어느 편에 설 것인가에 대해서는 관심이 없다. 위니바고 종족의 두 그림은 적대를 나타내는 예가 될 수는 있지만, 어느 그림이 그 부족의 공동체적 삶의 양식에 더 바람직한지, 왜 그런지에 대한 설명은 없다. 그래서 "한 체계에 내재해 있는 적대가 바로 그 자신을 궁극적 파멸로 이끄는 과정을 작동시킨다"(지젝, 2000 : 256)는 그의 주장은 전적으로 타당하지만, 마르크스주의의 모순론에 비해 별반 새로울 것이 없다. 그래

---

[6] 남성과 여성의 성적 차이에 대해서도 지젝은 'zero-difference'로서의 'zero-institution'을 상정한다. 라캉의 "진정한 성관계는 없다"와 "성적 차이는 없다"라는 말을 해석하면서 지젝은 라캉이 말하는 성적 차이란 생물학적 차이와 같은 속성을 지적하는 것이 아니라 어떤 대상도 상응하지 않는 상징적 적대를 지적하는 것이며, 성적 차이는 기표의 이미지로 포착할 수 없는 규정되지 않는 X의 실재(the Real of something undefined X)이며, 그렇기 때문에 성적 차이는 없는 것이라고도 말할 수 있다고 주장한다.

서 지젝의 이론이 과거에 일어난 사건에 대해서는 탁월한 해석력을 지니지만, 진행 중이거나 앞으로 일어날 일에 대해서는 관망자의 태도를 지닌다는 인상을 받게 되는데, 이것은 앞으로 라캉의 정신분석학을 정치 문화적 지형으로 확대함으로써 좀더 생산적이고 발전적인 논의를 끌어내고자 하는 지젝이 풀어가야 할 과제 중의 하나일 것이다.

결국 지젝의 논의를 통해서 우리가 얻을 수 있는 것은 '특수자'라는 개별성을 통해 '전체주의적 과오'를 반복하지 않을 윤리적으로 고양된 태도일 것이다. 자신의 욕망과 가치판단에 대한 과도한 확신을 반성하고, 집단주의에 빠져들거나 목적을 위해 수단을 합리화하지는 않고 있는지, 나의 지배이데올로기 비판이 광대나 바보의 수준에 머무르고 있는 것은 아닌지를 언제나 성찰하고 응시해야 한다는 당위적인 요구를 우리는 지젝을 통해 확인할 수 있었다.

결론적으로 민주주의를 위한 지젝의 전략은 다음과 같이 요약될 수 있을 것이다. ① 상징계 너머의 실재계를 상정하는 것은 현실의 어떤 체제도, 그 체제가 제공하는 어떠한 사유방식도 불가피하게 일면적임을 드러내기 위해서이다. ② 특히 사회주의가 몰락하고 자본주의가 승리함으로써 자본주의를 이상적인 사회체제로 생각하겠지만, 자본주의의 승리가 자본주의의 정당성을 보증해주는 것은 아니다. ③ 자연스러운 것으로 여겨지는 지배적인 관념과 가치 질서는 분명 균열과 틈이 있으며 익숙하기 때문에 그것을 느끼지 못할 뿐이다. ④ 민주주의는 이러한 자연스럽다고 여겨지는 모든 관념과 가치질서를 넘어선 새로운 체험과 관련이 있다. ⑤ 이것이 바로 윤리적 체험을 의미하는데, 윤리적 체험의 가능성에서 민주주의의 가능성을 확인할 수 있다. 지젝은 자신의 난해하고 방만한 저서들은 이러한 문제의식 하에서 포스트시대의 고정관념 및 가치질서를 흔들기 위해 전방위적으로 개입하고 있다.『잃어버린 대의를 옹호하며』는 평등이 사라진 자유민주주의의 허구성을 지적하며 자본주의의 욕망이 일방적으로 주입되는 상황 속에서 정치에 대한 담론이 사라지고 있는 현상을 비판한다. 과거 실패한 혁명들의 대의를 통해 정치적 담론의 필요성을 지젝은 주장한다.『전체주의가 어쨌다구』는 서구에서 오해되고 남용되고 있는 전체주의에 대한 호들갑스런 거부감 이면에 감추어진 자유민주주의 이념의 전체주의적인 속성을 비판한다. 신자유주의의 다원주의적 민주주의야말로 급진적이고 진보적인 민주주의를 억압하고 있다고 지젝은 날카롭게 분석하고 있다. 다양한 서구 담론과의 대결을 통해 지젝은 신자유주의적, 다원주의적, 자유주의적 민주주의의 허구성을 비판하고 그 뒤에 감추어진 자본주의의 불평등한 본색을 밝혀낸다. 자본주의의 매트릭스를 뒤흔드는 이러한 유의미한 담론적 실천이 새로운 실천론을 견인할 수 있을지 기대하게 만든다.

● 슬라보예 지젝(Slavoj Žižek 1949년 3월 21일~)

　지젝은 유고슬라비아 사회주의 연방공화국 출생의 대륙철학자이자 헤겔, 마르크스, 자크 라캉, 정신분석학에 기반한 비판이론가이다. 그는 정치이론, 영화이론, 이론정신분석학에 공헌을 해왔다. 지젝은 현재 슬로베니아 류블랴나 대학교 사회학 연구소의 선임연구원이며, 또한 유럽 대학원(영어 : European Graduate School)의 교수이다. 또한 시카고 대학교, 컬럼비아 대학교, 런던협회, 프린스턴 대학교, 뉴욕 대학교, 뉴스쿨, 미네소타 대학교, 캘리포니아 대학교 어바인, 그리고 런던 대학교 버벡에 교환 교수로 재직했으며, 류블랴나에 있는 이론정신분석학회의 의장이다. 지젝은 대중문화에서 온 예시들을 라캉의 이론과 라캉의 정신분석학, 헤겔의 철학과 카를 마르크스의 경제비판이론으로 사회현상을 해석한다. 그는 주체, 이데올로기, 자본주의, 근본주의, 인종주의, 똘레랑스, 다문화주의, 인권, 생태학, 세계화, 이라크전, 혁명, 이상주의, 전체주의, 포스트모더니즘, 대중문화, 오페라, 영화, 정치이론과 종교를 포함한 많은 주제에 대해서 글을 쓰고 있다.

결론 : 민주주의 담론의 확산을 기대하며

이 책은 아도르노에서 출발하여 지젝에 이르는 서구 근대 담론을 자본주의, 마르크스주의, 그리고 민주주의를 중심으로 살펴보았다. 아도르노의 비동일자, 데리다의 새로운 인터내셔널, 라클라우의 적대, 지젝의 실재계는 각기 상이한 이론적 배경을 가지고 있으며 이해하기도 까다롭다. 이들 이론들에는 그러나 한 가지 공통점이 있는데, 그것은 이들이 모두 자본주의와 마르크스주의 사이에 위치하고 있다는 사실이다. 이들은 자본주의 사회의 병폐, 즉 계급적 불평등, 시장논리의 사회화, 그리고 국제적 노동 분업 등이 지배적인 흐름으로 팽창해감에 따라 자유—민주주의의 이데올로기가 표방하는 자유, 평등, 호혜의 원칙들이 제대로 실현될 수 없음을 준엄하게 비판하고 있다. 이와 동시에 이들은 그 동안 자본주의를 효과적으로 견제하고 자본주의의 모순에 대한 비판적인 대안으로 여겨져 왔던 마르크스주의의 역할에 대해서도 의문을 제기한다. 마르크스주의가 강령적 원칙으로 변질되고, 계급 중심의 편향적 운동론으로 인식되면서 마르크스주의는 변화하는 사회의 복잡한 요인들을 더 이상 수용할 수 없게 되고, 그 결과 시대착오적인 경직성과 무능력함을 노정하게 됨에 따라 이들은 새로운 실천론을 모색하게 된 것이다. 물론 마르크스주의와의 거리두기는 일정정도 스탈린주의로 대표되는 현실 사회주의 국가들의 부패, 관료화, 빈곤, 그리고 몰락에도 원인이 있다. 선진 자본주의 국가의 시민들을 설득하여 자본주의의 일방독주를 견재하기 위해서는 자본주의에 대한 비판의 칼날을 더욱 날카롭게 벼리고 더욱 다양한 사회적 세력들을 새로운 운동에 포함시켜야 했던 것이다. 그러기 위해서는 자본주의가 이데올로기적 무기로 이용해왔던 '민주주의' 라는 용어를 적극 활용하는 것이 매우 유용해 보인다. 자본주의가 강조해 마지않던 '민주주의'가 제대로 실행되고 있는가를 자본주의에 되물어보기. 이것이 바로 이 책에서 소개하고 있는 이론가들이 각기 다른 방향에서 던지는 질문인 것이다.

우리는 민주주의라는 말을 떠올리면 흔히 미국이나 서구유럽을 떠올린다. 우리도 민주화운동 덕분에 어느 정도의 민주적 제도와 장치들을 갖추게 되었지만, 여전히 가야할 길이 멀다고 생각하면서, 그 모델을 서구 선진 자본주의 국가들에서 찾게 된다. 그러나 서구의 이론가들은 그들의 민주주의 또한 가야할 길이 멀다고 생각하고 있다. 제도적으로나 의식적으로 우리보다 훨씬 합리적이고 투명하며 공정한 것 같지만, 그들은 민주주의에 더욱 많은 것을 채워 넣으려 한다.

　현대의 이론가들은 한결같이 '민주주의'라는 말이 '비어있는 기표'를 뜻한다고 말한다. 비어있다는 것은 누구든 마음대로 채울 수 있다는 것을 의미한다. 그러나 마음대로 채울 수 있다는 것과 그것이 사회적으로 통용되는 것과는 별개의 문제이다. '담론'이라는 말이 중요한 것은 그 때문이다. 개인적이고 주관적인 수준에서 많은 신조어들이 만들어질 수 있겠지만, 어느 정도의 대중적 공감과 이해가 바탕이 될 때에만 그것은 사회적 담론으로 받아들여질 수 있기 때문이다. 그리하여 '비어있다'는 말은 '어떤 용어가 지닐 수 있는 의미는 사회적, 문화적 상징질서에 달려있다'고 해석하는 것이 더욱 정확할 것이다. 민주주의의 경우, 이 용어는 세계적으로 다양한 문화에서 바람직한 사회적 지향성을 지닌 것으로 여전히 인식되고 있다. 반대로 '프롤레타리아 독재'와 같은 단어는 자본주의에서 공산주의로 넘어가는 과도기의 정치체제로 프롤레타리아계급에 의해 운영되는 중앙집권적 권력기구를 뜻하는 것이다. 프롤레타리아 독재는 일반적인 독재와는 무관한 용어이지만, 원래의 의미와 무관하게 독재라는 말이 주는 어감과 이에 대한 선입견으로 인해 대다수의 사람들에게 부정적으로 여겨진다. 비록 비유적일망정 독재는 마치 기독교의

‘가롯 유다’만큼이나 일종의 터부인 셈이다. 그래서 프롤레타리아 독재는 대중적 이해와 공감을 바탕으로 하는 사회적 담론으로 활용되기에 부담스러운 측면이 있다.

그러나 다른 한편으로 우리는 민주주의의 탈을 쓴 다양한 반민주적 담론들을 경계해야 한다. 최근 복지사회 담론이 우리 사회의 중요한 사회적 담론으로 부각되는 와중에서 한 정치인이 ‘과잉복지’ 혹은 ‘복지포퓰리즘’이 민주주의의 위기를 가져온다는 이상한 논리를 펴기도 했는데, 이런 말장난이야말로 민주주의라는 용어를 악용하는 대표적인 사례라고 할 수 있다. ‘복지는 중요하지만 과잉복지는 안된다’ 식의 주장은 전혀 어울리지 않는 두 단어를 조합해 놓은 것일 뿐인데, 복지는 평등과 호혜라는 민주주의의 기본 취지에 정확히 부합하는 것으로서 ‘아무리 지나치더라도 부족한’ 것이기 때문이다. 이처럼 히틀러의 나치 또한 스스로를 민주주의자라고 말할 정도로, 민주주의는 ‘이현령비현령(耳顯鈴鼻顯鈴)’, 아전인수 식으로 사용될 수 있다.

그리하여 민주주의를 긍정적인 사회적 동력으로 전화시키기 위해서는 다음의 사실들을 기억할 필요가 있을 것 같다. 첫째 민주주의와 자본주의는 일란성 쌍둥이처럼 필연적으로 결합된 관계가 아니라는 사실이다. 민주주의를 지지하는 것과 자본주의를 옹호하는 것은 별개의 문제다. 자유-민주주의는 자본주의와는 무관한 경우가 많으며 오히려 자본주의에 의해 민주주의는 형식적 수준 이상을 벗어나기 힘들다는 의미에서 때로 적대적이다. 자본주의의 병폐들, 예를 들어 계급갈등, 상품화, 소외, 무한경쟁 등은 시장의 논리가 사회의 지배적인 논리로 확대된 시장사회화와 신자유주의에 의해 더욱 전면적이고 가속화된다. 이런 현상들은 민주주의에 심각한 저해요소가 될 뿐이다. 그렇다고 해서 이를 곧장 사회주의적 전망과 연결시키는 것 또한 성급한 것이 될 것이다. 자본주의의 발전은 자본주의의 모순과 한계 또한 발전시키게 되는데, 이를 예의주시하고 각자가 속해있는 자본주의 사회의 모순과 한계에서 민주주의적 전망을 만들어가야 할 것이다.

둘째로는 민주주의에 대한 논의가 사회적 '불평등'에 좀더 초점을 맞추어야 한다는 점이다. 우리는 흔히 자유—민주주의라는 용어 속에 함의된 '평등'의 관점을 쉽게 놓치는 경향이 있다. 오랜 독재의 경험은 '자유'에 대한 갈망을 낳았고, 자본주의의 오랜 체화로 인해 상대적으로 '평등'에 대해서는 둔감한 것이 사실이다. 성장과 경쟁에서 공존과 호혜의 패러다임으로 인식을 전환함으로써 '평등'에 대한 인식을 확장할 필요가 있다.

마지막으로 적대에 대한 논의에서 봤듯이 사회는 통일되고 안정된 평온한 체제가 아니라는 것을 이해하는 것이다. 사회라는 것은 원래 다양한 가치와 전망이 충돌하고, 적대적이고 비적대적인 다양한 모순이 중첩되고 경쟁하는 곳이다. 민주주

 새로운 민주주의와 헤게모니

의를 향한 길 또한 시끄럽기는 마찬가지이다. 민주주의로 가는 길은 붉은 양탄자가 깔려있는 평온하고 화려한 길이 아니라 험난하고 고통스런 가시밭길인 것이다. 다양한 사회 영역에서 발생하고 있는 갈등과 투쟁은 민주주의를 위한 필연적인 과정이다. 이 갈등과 투쟁이 언제나 민주주의의 승리로 끝나지는 않는다. 너무도 당연한 사회적 갈등을 사회적 통일을 헤친다거나 분열세력이 존재한다는 식으로 호도해서는 안 될 것이다. 어떠한 사회도 갈등이 없었던 적은 없었으며, 다양한 사회적 갈등이 국론이라는 이름으로 통일된 적은 한 번도 없었다. 이를 부정하는 것이야 말로 통일이라는 이름으로 권력을 공고히 하려는 지배 권력의 이데올로기일 뿐이라는 사실을 명심해야 할 것이다.

이러한 사실들이 지속적으로 환기될 때, 민주주의는 잘못된 방향으로 나아가거나 반민주적인 세력들에 의해 오용되지 않을 것이다. 민주주의를 논하는 것은 사회적 발전의 전망과 삶의 질에 대해서 공개적으로 토론하고 다양한 주장들을 존중함으로써 모두가 자유롭고 평등하며 존중받는 사회를 만들기 위해 아이디어를 모으는 것을 의미한다. "우리 사회는 민주적인가?"라는 질문을 받는다면, "그렇다"라고 대답하기가 부끄러울 만큼 우리는 아직도 이뤄야 할 것이 많다. 민주주의에 관한 한 우리는 '3류'이다. 만연된 부정부패, 반민주 악법의 존속 및 개악, 여전한 지연학연, 사학부패, 빈익빈부익부

증가, 지역감정, 왜곡보도를 일삼는 언론, 일방적 구조조정 및 비정규 문제 등 우리 사회는 형식적 민주주의를 구현하기에도 아직 요원한 감이 없지 않다. 서구 지성인들의 것과 같은 민주주의에 대한 열망은 최소한의 민주주의가 실현된 이후에야 꿈꾸어 볼 수 있는 것일지도 모른다. 그러나 민주주의를 향한 노정에 무슨 단계가 있는 것은 아닐 것이며, 민주주의를 향한 우리의 노력들에 이들의 논의가 다양한 혜안들을 제공할 수 있을 것이다. 그리고 이를 통해 우리는 우리 삶의 민주주의를 고민하고 토론하는 생산적 대화의 기회를 얻을 수 있을 것이다. 어느 나라나 마찬가지겠지만 우리나라는 특수한 세계사적 위치에 놓여있다. 냉전의 산물이지만 냉전이후에도 지속되는 분단과 중국, 일본, 러시아, 미국 등 열강들에 둘러싸인 험난한 지리적 환경, 민주화 운동과 노동운동 그리고 연이은 정권교체와 월드컵 개최, 보수로의 회귀 및 FTA 등 한국의 근대는 여전히 복잡하고 다양한 모순 속에서 나름의 역동성을 잃지 않고 있다. 이 역동성을 민주주의적 전망을 지향해 가는 가능성으로 만드는 것이 우리의 임무이자 역할일 것이다.

참고문헌

게오르그 루카치, *The Theory of the Novel*, Cambridge and Massachusetts : The
　　MIT P., 1994.(『소설의 이론』, 반성완 역, 심설당, 1993)

김정한, 「포스맑스주의 이후 좌파이론의 최전선」, 『문화과학』 가을호, 문
　　화과학사, 2009.

노만 제라스, 「포스트맑스주의인가?」, 『포스트맑스주의?』, 이경숙·전효관
　　공편, 민맥, 1992.

다니엘 벤사이드, 「영원한 스캔들」, 『민주주의는 죽었는가? : 새로운 논쟁
　　을 위하여』, 조르조 아감벤 외, 김상운·양창렬·홍철기 옮김, 난
　　장, 2010.

루이 알튀세르, *For Marx*, London : Verso, 1990.(『마르크스를 위하여』, 고길
　　환·이화숙 역, 백의, 1990)

루이 알튀세르, *Lenin and Philosophy and Other Essays*, London : Monthly Review
　　P., 1971.(『레닌과 철학』, 이진수 역, 백의, 1991)

루이 알튀세르, 『아미엥에서의 주장』, 김동수 역, 솔, 1991.

루이 알튀세르·에티엔 발리바르, *Reading Capital*, London : Verso, 1970.(『자
　　본론을 읽는다』, 김진엽 역, 두레, 1991)

마이클 라이언, *Marxism and Deconstruction : A Critical Articulation*, Baltimore and
　　London : The Johns Hopkins UP, 1982.(『해체론과 변증법』, 나병철·
　　이경훈 역, 평민사, 1994)

미하일 바흐친, *Marxism and the Philosophy of Language*, Cambridge : Harvard UP,
　　1986.(『마르크스주의와 언어철학』, 송기한 역, 한겨레, 1988)

발터 벤야민, 『아케이드 프로젝트』, 조형준 역, 새물결, 2005.

발터 벤야민, 『일방통행로 : 사유이미지』, 김영옥·윤미애·최성만 역, 길, 2007.

샹탈 무페, 「헤게모니와 새로운 정치주체 : 새로운 민주주의의 개념정립을 위하여」, 『사회변혁과 헤게모니』, 어네스토 라클라우·샹탈 무페, 김성기 외 역, 도서출판 터, 1990.

샹탈 무페, 『민주주의의 역설』, 이행 역, 인간사랑, 2006.

수잔 바르나르드·브루스 핑크 편, *Reading Seminar XX : Lacan's Major Work on Love, Knowledge and Feminine Sexuality*, Albany : SUNY P., 2002.

스티븐 B. 스미스, *Reading Althusser : An Essay on Structural Marxism*, Ithaca and London : Cornell UP, 1984.

슬라보예 지젝, "Against the Populist Temptation," *Critical Inquiry*, 32(3) (2006).

슬라보예 지젝, 「자리를 점유하기」, 『우연성, 헤게모니, 보편성 : 좌파에 대한 현재적 대화들』, 박대진·박미선 공역, 도서출판 b, 2009.

슬라보예 지젝, *For They Know Not What They Do*, London : Verso, 1991.(『그들은 자기가 하는 일을 알지 못하나이다』, 박정수 역, 인간사랑, 2004)

슬라보예 지젝, *Interrogating the Real*, London : Continuum, 2005.

슬라보예 지젝, *The Plague of Fantasies*, London : Verso, 1998.(『환상의 돌림병』, 김종주 역, 인간사랑, 2002)

슬라보예 지젝, *The Sublime Object of Ideology*, London : Verso, 1989.(『이데올로기라는 숭고한 대상』, 이수련 역, 인간사랑, 2004)

슬라보예 지젝, *The Ticklish Subject*, London : Verso, 2000.(『까다로운 주체』, 이성민 역, 도서출판 b, 2005)

아이자즈 아마드, 「데리다를 화해시키기. '마르크스의 유령들'과 해체적인 정치」, 『마르크스주의와 해체 : 불가능한 만남?』, 진태원·한형식 역, 길, 2009.

안토니오 네그리, 「유령의 미소」, 『마르크스주의와 해체 : 불가능한 만남?』,

진태원·한형식 역, 길, 2009.

알랭 바디우, 「민주주의라는 상징」, 『민주주의는 죽었는가? : 새로운 논쟁을 위하여』, 조르조 아감벤 외, 김상운·양창렬·홍철기 옮김, 난장, 2010.

알렉스 캘리니코스, 『현대철학의 두가지 전통과 마르크스주의』, 정남영 역, 갈무리, 1995.

어네스토 라클라우, 「보편성의 구성」, 『우연성, 헤게모니, 보편성 : 좌파에 대한 현재적 대화들』, 박대진·박미선 공역, 도서출판 b, 2009.

어네스토 라클라우, *On Populist Reason*, London and New York : Verso, 2005.

어네스토 라클라우·샹탈 무페, 「포스트맑스주의는 변명하지 않는다」, 『포스트맑스주의?』, 이경숙·전효관 공편, 민맥, 1992.

어네스토 라클라우·샹탈 무페, 『사회변혁과 헤게모니』, 김성기 외 역, 도서출판 터, 1990.

위르겐 하버마스, The Philosophical Discourse of Modernity. Cambridge : Polity P., 1987.(『현대성의 철학적 담론』, 이진우 역, 문예출판사, 1996)

자크 데리다, 「마르크스와 아들들」, 『마르크스주의와 해체 : 불가능한 만남?』, 진태원·한형식 역, 길, 2009.

자크 데리다, 『마르크스의 유령들』, 진태원 역, 이제이북스 2007.

자크 라캉, *The Four Fundamental Concepts of Psychoanalysis*, New York : W. W. Norton, 1997.

자크 랑시에르, 「민주주의에 맞서는 민주주의'들'」, 『민주주의는 죽었는가? : 새로운 논쟁을 위하여』, 조르조 아감벤 외, 김상운·양창렬·홍철기 옮김, 난장, 2010.

조르조 아감벤, 「민주주의라는 개념에 관한 권두노트」, 『민주주의는 죽었는가? : 새로운 논쟁을 위하여』, 조르조 아감벤 외, 김상운·양창렬·홍철기 옮김, 난장, 2010.

지그문트 프로이트, 「문명 속의 불만」, 『프로이트 전집 15』, 김석희 역, 열린책들, 1997.

크리스틴 로스, 「민주주의를 팝니다」, 『민주주의는 죽었는가? : 새로운 논쟁을 위하여』, 조르조 아감벤 외, 김상운·양창렬·홍철기 옮김, 난장, 2010.

테리 이글턴, "Reconciling Derrida : 'Specters of Marx' and deconstructive politics", *Ghostly Demarcations : a Symposium on Jacques Derrida's Specters of Marx*, London and New York, Verso, 1990.(『마르크스주의와 해체: 불가능한 만남?』, 진태원·한형식 역, 길, 2009)

테리 이글턴, *The Ideology of the Aesthetic*, Oxford : Basil Blackwell, 1990.(『미학사상』, 방대원 역, 한신문화사, 1995)

테오도르 아도르노, 『부정변증법』, 홍승용 역, 한길사, 1999.

톰 루이스, "Lingua Amissa : the Messianism of commodity-language and Derrida's Specters of Marx", *Ghostly Demarcations : a Symposium on Jacques Derrida's Specters of Marx*, London and New York, Verso, 1990.

프레드릭 제임슨, 『후기 마르크스주의』, 김유동 역, 한길사, 2000.

프레드릭 헤겔, 『정신현상학』, 임석진 역, 지식산업사, 1993.

피에르 마셔레이, 「탈물질화된 마르크스 또는 데리다의 정신」, 『마르크스주의와 해체 : 불가능한 만남?』, 진태원·한형식 역, 길 2009.

하수정, 「이데올로기의 정신분석학적 전유: 알튀세르와 지젝」, 『영미어문학』 제68호, 2003.

더 읽어볼만 한 책

게오르그 루카치,『역사와 계급의식 : 맑스주의 변증법연구』, 박정호・조
　　　만영 역, 거름, 1986.
발터 벤야민,『기술복제시대의 예술작품 : 사진의 작은 역사 (외)』, 최성만
　　　역, 길, 2007.
슬라보예 지젝,『레닌 재장전』, 이현우・이재원・한보희 외 옮김, 마티,
　　　2010.
슬라보예 지젝,『성관계는 없다』, 김영찬 외 옮김, 도서출판 b, 2005.
슬라보예 지젝,『잃어버린 대의를 옹호하며』, 박정수 옮김, 그린비, 2009.
슬라보예 지젝,『전체주의가 어쨌다구』, 한보희 옮김, 새물결, 2008.
어네스토 라클라우 외,『전쟁은 없다』, 강수영 역, 인간사랑, 2011.
자크 데리다,『그라마톨로지에 대하여』, 김응권 역, 동문선, 2004.
자크 데리다,『법의 힘』, 진태원 역, 문학과지성사, 2004.
자크 데리다,『시선의 권리』, 신방흔 역, 아트북스, 2004.
자크 데리다,『환대에 대하여』, 남수인 역, 동문선, 2004.

저자 **양종근**__ 대구대학교 인문과학연구소 연구교수

사회의 불평등은 어떻게 재생산 되는가. 사회적 억압과 차별은 인간 개인에게 어떤 영향을 미치는가. 인간의 자유와 해방은 어떻게 가능한가. 그것의 내용과 형식은 어떠해야 하는가. 저자가 지속적으로 관심을 가지고 있는 연구 분야는 사회와 개인의 관계, 그 결정성과 자율성의 관계이다. 저자는 영문학비평 전공자로 알튀세르, 지젝 등 마르크스주의와 정신분석 비평에 많은 관심을 가지고 있다. 현대문학이론 및 철학, 그리고 미학 이론 등에 관한 연구를 지속하고 있는 저자는 루카치, 아도르노, 벤야민, 알튀세르, 지젝, 라클라우 등 사회적 차별과 억압 기제의 작동원리와 이데올로기의 기능에 대해 탁월한 이론을 제시한 이론가들을 연구해 왔다. 마르크스주의를 중심으로 프랑크푸르트 학파와 비판이론, 후기 라캉에 기반한 정신분석학, 포스트모더니즘과 포스트식민주의 및 현대 프랑스 급진철학을 통해 민주주의와 평등, 인간해방의 가능성을 모색하고 있다.

경북대 인문교양총서 ⑩
새로운 민주주의와 헤게모니

초판 인쇄 2012년 1월 20일
초판 발행 2012년 1월 31일

지은이 양종근
기 획 경북대학교 인문대학
펴낸이 이대현
편 집 박선주 권분옥 이소희
디자인 이홍주
마케팅 박태훈 안현진

펴낸곳 도서출판 역락
주 소 서울시 서초구 반포4동 577-25 문창빌딩 2층
전 화 02-3409-2060(편집), 2058(마케팅)
팩 스 02-3409-2059
등 록 1999년 4월 19일 제303-2002-000014호
전자우편 youkrack@hanmail.net

값 10,000원
ISBN 978-89-5556-959-9 04300
      978-89-5556-896-7 세트